KB076540

그림의 힘

그림의 힘

최상의 리듬을 찾는 내 안의 새로운 변화

개정판 1쇄 발행 2020년 7월 1일
개정2판 5쇄 발행 2024년 12월 2일 (반 고흐 에디션)

지은이 김선현
펴낸이 최동혁
본문디자인 design co*kkiri
프린트디렉션 유화컴퍼니 u-hwacompany

펴낸곳 ㈜세계사컨텐츠그룹
주소 06168 서울시 강남구 테헤란로 507 WeWork빌딩 8층
이메일 plan@segyesa.co.kr
홈페이지 www.segyesa.co.kr
출판등록 1988년 12월 7일(제406-2004-003호)
인쇄 예림
제본 에스엠북

ISBN 978-89-338-7189-8 (03320)

최상의
리듬을 찾는
내 안의
새로운 변화

그림의 힘

THE POWER OF MASTERPIECE

김선현 지음

세계사

독자 여러분께 알려드립니다

— 책 제목인 '그림의 힘'을 충분히 느낄 수 있도록 빈센트 반 고흐의 명화를 표지로 사용했습니다. 책장을 덮은 채 가까이만 두어도 휴식과 함께 에너지를 얻을 수 있습니다.

— 그림을 순서대로 감상하지 않아도 좋습니다. 훑어보다가 마음에 가장 와닿는 그림을 잠시 동안 감상해보십시오. 어떤 그림을 고르느냐에 따라 나의 현재 심리 상태를 알 수 있습니다.

— 휴대전화보다 종이책으로 감상하기를 권합니다. 실제 그림에 가까울수록 명화 감상이 주는 효과가 크기 때문입니다. 작은 화면에 이미지적 심상만 제공하는 휴대전화와 달리, 종이책은 손에 잡히는 물질로서의 접촉성을 동시에 제공해줍니다.

— 화가명은 외래어 표기법을 원칙으로 하되 일부는 통칭에 따랐고, 그림의 원작명은 영어로 통일했습니다.

— 미술, 음악, 연극, 영화 등의 작품명은 〈 〉, 신문(일간, 월간 등)은 《 》, 장편소설을 포함한 단행본은 『 』로 표기했습니다.

— 각 그림에는 '화가명 | 제작 연도 | 제작 방법 | 실물 크기(세로×가로cm) | 소장처'를 기재했습니다. 단, 실물 크기나 소장처가 정확히 알려져 있지 않은 그림의 정보는 기재하지 못했습니나. 아시는 분은 출판사로 연락 주시면 감사하겠습니다.

— 이 책은 유화컴퍼니의 프린트디렉션(데이터 및 인쇄관리) 과정을 거쳐 리뉴얼된 이미지 데이터를 사용했습니다.

저는 그림의 힘을 믿습니다

수천 개의 말로도 내 진짜 감정 하나를 붙잡지 못할 때가 있습니다. 하지만 그림은 나에게 말이 아니라 '느낌'으로 다가섭니다. 그림 앞에 서면 내면이 어느 때보다 솔직하게 드러나는 이유입니다. 결과적으로 그림은 스트레스를 풀어주고 마음을 편안하게 합니다. 이는 그림을 감상하는 사람들의 달라진 뇌파로도 확인되지요. 내 몸과 마음이 최상의 리듬을 찾게 되는 것입니다.

그림은 소통과 치유를 가능케 합니다. 병실 밖으로 한 발짝도 나갈 수 없을 만큼 움직임이 불편한 암 환자를 만난 적이 있습니다. 그는 생의 의지를 잃은 채 마음의 문을 걸어 잠갔습니다. 제가 한 일은 병실을 직접 찾아가 그에게 여러 그림을 보여주는 것이었습니다. 자연 풍경의 그림 한 장을 보자, 그는 놀랍게도 하염없이 눈물을 흘렸습니다. 자신의 삶이 파노라마처럼 스친다며 어린 시절 이야기를 밤새는 줄 모르고 쏟아내던 그의 모습이 아직도 생생합니다. 얼마 지나지 않아 그는 활력을 되찾고 치료에도 적극적이며 긍정적인 모습으로 변했습니다. 그림의 힘에 전율했던, 저의 첫 번째 사례입니다.

그 뒤부터 오직 그림의 힘을 믿으며 20년 넘게 사람들의 마음을 미술로 치유하는 일을 하고 있습니다. 그림은 나를 변화시킵니다. 미술치료를 해오면서 직장인, CEO, 임산부, 가정주부, 치매·우울증·암 투병 환자, 청소년, 아동 등 다양한 사람과 함께 그들만의 스트레스를 고민했습니다. 수많은 이가 좋은 그림을 통해 내면의 새로운 변화를 일궈나갔습니다. 흔히 가볍게만 치부되어 돌보지 못한 육아 우울증이나 직장 내에서 받는 갖가지 스트레스가 어느 순간 가벼워졌습니다. 등교를 거부하던 학생이 학교에 적응해 무사히 대학에 진학하고, 스스로 목숨을 끊으려던 사람도 삶의 의미를 되찾았습니다. 3년 동안 꾸준히 미술치료를 받으며 밝고 활발해진 치매환자도 있습니다. 모두 그림의 힘입니다.

'일 – 사람 관계 – 부와 재물 – 시간관리 – 나 자신'

삶에서 가장 스트레스를 받고 또 가장 향상시키고픈 다섯 가지 영역입니다. 이 책에 실린 작품들은 오랜 기간 임상현장에서 효과가 좋았던 명화들을 엄선하여 구성했습니다. 사람들 사이의 관계에서 압박을 느끼던 이가 먼저 마음의 빗장을 열고, 온갖 스트레스로 머리가 복잡하던 직장인들은 평안과 자신감을 얻게 됩니다. 또한, 그림은 시간과 돈의 한계를 넘어 한 차원 높은 시선으로 나 자신을 바라보게 만들어줍니다. 그림의 힘을 맘껏 느끼고 책을 덮은 뒤에는, 여러분께도 새로운 변화의 맥박이 뛰고 있길 기대합니다.

김선현

Contents

Work

존 러스킨John Ruskin은 "사람들이 일에서 행복하려면 세 가지가 필요하다. 일이 적성에 맞아야 하고, 일을 너무 많이 해서는 안 되며, 일에서 성취감을 얻을 수 있어야 한다"라고 말했습니다. 하지만 이 세 조건을 모두 충족시키기란 쉽지 않습니다. 이 그림들은 지친 머리를 맑게 하고 집중력과 에너지, 의욕을 자극해 일의 행복을 찾는 데 도움을 줍니다.

Relationship

사랑하고 또 동시에 미워하게도 되는 존재, 어렵다고 등한시할 수 없는 영원한 삶의 과제 '사람'. 두 번째 장에서는 외로움이나 상처처럼 사람으로부터 오는 결핍들을 치유하고, 나의 사람 관계를 돈독히 꾸려나갈 수 있는 그림들을 담았습니다.

Money

돈이 지닌 힘은 일의 결과를 좌우하고 처지를 변화시킵니다. 이런 돈을 적이나 주인보다 적절한 동반자로 삼는 마인드가 중요합니다. 이 그림들은 떼려야 뗄 수 없는 돈과의 관계를 긍정적으로 재설정할 수 있도록 도와줄 것입니다.

Time

과거의 기억에 따른 아픔, 현재의 불만, 미래에 대한 두려움을 누구나 느끼듯, 우리는 시간과 싸우고 화해하며 매일을 살아갑니다. 이 그림들을 감상하며 나를 둘러싼 시간의 흐름을 자연스럽고 편안히 마주해보십시오.

Myself

진짜 내 마음을 들여다본 적 있나요? 때론 나조차 제대로 살피지 않은 나를 보살펴주는 그림들이 있습니다. 나만의 리듬과 스스로에 대한 사랑을 발견하게 해주는 이 그림들의 힘으로, 스트레스에 치이던 나의 일상이 문득 빛나기 시작할 것입니다.

Work

오늘 하루도 수고한
당신을 위한 밤의 테라스

빈센트 반 고흐 Vincent van Gogh
밤의 카페 테라스 Café Terrace at Night

어느 일이든 사람을 상대해야 합니다. 사람을 대하다 보면 그들의 말과 표정에 상처받고, 내 진짜 감정을 억누르느라 지칠 때가 많습니다. 연륜이 쌓인 직장인이라고 해도 피곤하고 다친 마음이 보이지 않도록 하는 데 능숙해질 뿐, 상처에 익숙해지는 것은 아닙니다.

그렇게 하루를 견딘 밤에는 꽉 조였던 옷을 편하게 벗어던지고 가방도 아무렇게나 내려놓고 창문을 활짝 열어보세요. 밤하늘의 별과 함께 카페 하나가 보일 것입니다. 시원한 야외의 밤공기도 느껴집니다.

밤은 어떤 시간인가요.

낮에는 계속 응대해야 하고 싫어도 웃어야 하지만, 밤에는 고객이건 윗사람이건 사람을 만나지 않아도 됩니다. 또 밤은 어둠으로 낮의 상처를 보듬어주는 시간입니다. 이 그림처럼 자연의 별빛 아래 다소 어둡지만 낭만이 있는 장소에서 좋은 사람과 대화하며 차를 마신다면, 마음의 크고 작은 생채기들도 아물 것만 같습니다.

카페는 북적이지 않습니다. 테이블마다 사람이 꽉 차 있다면 눈이 복잡하고 또다시 사람 때문에 힘들어질 텐데, 고흐는 전면의 자리들을 비워 놓았죠.
이런 여유 공간이 있다는 자체가 마음이 피곤한 사람들에게 좋습니다.

"오늘 지치고 힘든데 편안한 데 가서 한잔하자."
이렇게 말하고 싶은 공간.
오늘 하루도 수고한 당신을 위한 밤의 테라스입니다.

빈센트 반 고흐 | 1888 | 캔버스에 유채 | 81×65.5cm | 크뢸러뮐러 미술관

Wat mij betreft
weet ik niets zeker,
maar naar de sterren kijken
zet me aan het dromen.

나는 아무것도 모르지만
별이 나를 꿈꾸게 한다는 사실만은 분명하다.

–빈센트 반 고흐

원, 빨강 그리고 체력 에너지

바실리 칸딘스키 Wassily Wassilyevich Kandinsky
동심원들과 정사각형들 Squares with Concentric Rings

이 그림은 업무에 지친 이에게 체력의 에너지를 높여줍니다.

이 작품에서 가장 큰 비중을 차지하는 형태는 '원'입니다. 산스크리트어로 원을 '만다라'라고도 하는데, 분석심리학자 칼 융Carl Gustav Jung이 내담자의 무의식을 분석하는 중에 그들이 만다라 같은 문양을 많이 그린다는 사실을 발견하면서 이와 관련한 미술치료가 활기를 띠게 되었습니다.

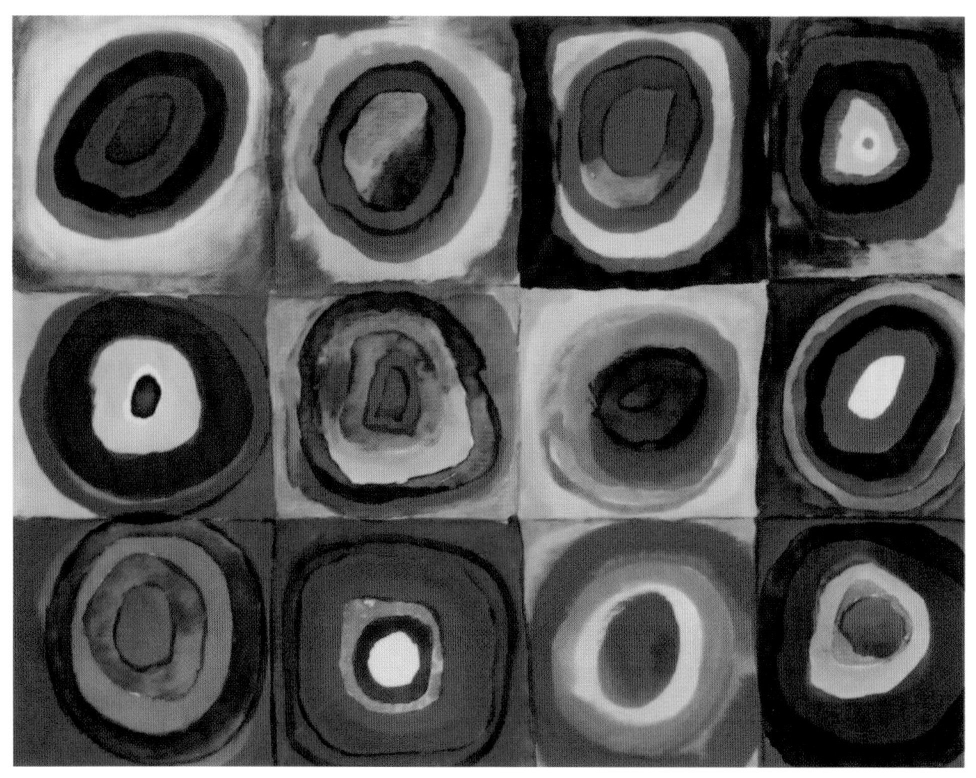

바실리 칸딘스키 | 1913 | 수채·과슈·쵸크 | 23.9×31.5cm | 렌바흐 미술관

원은 시작과 끝이 없는 선으로 이루어져 있다는 점에서
'영원'을 상징하고, 공간을 둘러싸
그 안에 있는 것들을 보호하는 의미를 지닙니다.

이 원을 색칠하면서 사람들은 내면으로의 회귀와 만남 욕구를 충족하게 됩니다. 만다라를 그리는 미술치료가 임산부와 중년 주부, 직장인의 우울 등 여러 방면에 효과 있다고 밝혀진 만큼 원은 우리 무의식에 깊이 닿아 있는 형태라고 하겠습니다.

그림을 보면 그런 원들 안에 강한 난색이 활용되어 있습니다. 특히 모든 칸에 공통적으로 들어간 색은 무엇일까요? 그것이 바로 이 작품이 우리에게 에너지를 선물하는 비밀입니다.

투우 경기에서는 왜 빨간 천을 흔들까요?

사실 소는 색맹이라 눈앞에서 어떤 천을 흔들어도 그 움직임만으로 자극받는데 말입니다. 그런데도 굳이 빨간 천을 쓰는 이유는 소가 아니라 관객을 흥분시키기 위해서입니다.
시각이라고 하면 보는 것만 생각하기 쉽지만, 시각은 인간에게 외부 자극을 가장 빠르게 전달하면서 촉각과 후각, 청각 등을 동시에 자극하는 공감각적인 특징을 갖고 있습니다. 그렇기에 색채가 미학적인 측면 외에도 물리학, 화학, 생리학, 심리학적인 기능을 동시에 지니는 것이죠.

네덜란드 암스테르담 대학교 의과대학의 실험에 따르면 똑같은 정신병 치료약을 빨간색으로 코팅했을 때 사람들이 흥분한 반면, 파란색이나 녹색으로 코팅했을 때는 진정효과를 보였다고 합니다.

제가 한 관찰실험 중에도 비슷한 결과가 나온 적이 있습니다. 유치원생 스무 명을 빨간색 방과 파란색 방에 나눠 머물게 했습니다. 그러고 관찰했더니 빨간색 방 어린이들은 육체 놀이에 집중하는 반면, 파란색 방 어린이들은 책을 읽는 등 정적인 활동을 많이 하는 결과가 나타났습니다.

이처럼 빨간색은 사람을 '업'시키는 효과가 있습니다.

눈으로 들어온 붉은 광선이 시신경을 자극해 아드레날린을 분비시켜 혈액순환을 촉진하고, 혈압과 체온을 상승시키며, 신경조직을 자극합니다. 그래서 우울증 치료제를 일부러 빨간색으로 만들기도 합니다.

여러분도 이 그림에서 빨강이 적극 활용되어 있는 것을 발견했겠지요. 체력이 떨어질 땐 이 그림을 책상이나 벽 등 가까운 곳에 두고 눈과 전신의 자극제로 삼아도 좋을 것입니다.

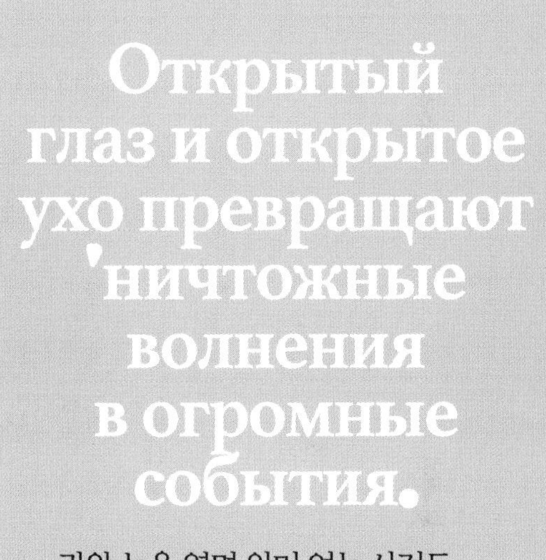

귀와 눈을 열면 의미 없는 사건도
대단한 일로 바뀐다.

—바실리 칸딘스키

아무것도,
아무 생각도 하지 않을 자유

구스타브 카유보트 Gustave Caillebotte
창가의 남자 Young Man at His Window

지금 하는 일이 의미 없게 느껴질 때는 잠시 손을 놓고 다른 데로 눈을 돌려보는 것이 좋습니다. 특별한 노력이 드는 것이 아니라 아무 생각 없이 잠시 시간을 보낼 수 있는 일이면 됩니다.

일로 스트레스를 받는 사람은 사실
'아무것도 하지 않음'을 필요로 합니다.

그 무의미의 시간을 게으름으로 치부하지 마세요. 사색을 통한 창조의 밑거름이 될 수 있습니다. 그런 의미에서 우리를 '의미 있는' 무의미의 순간으로 데려다주는 그림 두 점을 소개하겠습니다.

구스타브 카유보트 | 1875 | 캔버스에 유채 | 117×82cm | 개인소장

먼저 카유보트의 〈창가의 남자〉를 볼까요. 일도 없고 사람도 없는 자기 공간에서 밖을 바라보는 남성의 모습이네요.

그가 무슨 생각을 하고 있는 것처럼 보이나요?

'오늘 점심 뭐 먹을까?' '소파 시트를 어떤 색으로 바꿀까?'
이처럼 목적을 두고 생각하는 것이 아닌, 그냥 '어떤 생각도 없이' 있는 것처럼 보이지 않나요? 한편, 순간이지만 깊은 사색의 분위기도 느껴집니다. 내 일이 왜 의미가 없는지, 나는 무엇에 지쳐 있는지 한번 생각해보는 것입니다.

이 사람이 그렇다는 것은 알겠는데, 그림을 보는 우리에게 왜 도움이 되는 것일까요?

그것은 그림을 보고 느껴지는 감정이 시지각 경로를 통해 뇌로 전달되기 때문입니다. 보는 순간 감정과 마음이 연결되면서 우리는 울거나 기뻐하며 몸으로도 감정을 느낍니다. 그렇기에 미술치료에서는 일차적인 감정의 건드림을 가장 중요하게 여기며, 스트레스 해소 면에서도 느낌에 높은 비중을 두고 있습니다.

이 그림은 하던 일로부터 한 발짝 벗어나 있는,
한 박자 멈춰 선 느낌을 전해줍니다.

늘 '하니까 하는' 일에 바쁘게 매진하다가 이 그림을 보았다면, 마음이 잠시 멎는 것을 느꼈을 겁니다. 이는 무의미의 시간을 좀처럼 갖지 못하는 많은 사람에게 꼭 필요한 일이기도 하지요.

손과 마음이 가는 대로

에두아르 마네 Édouard Manet
비눗방울 부는 소년 Boy Blowing Bubbles

소년의 눈 속에는 '비눗방울을 크게 불어야지' '터지면 어떡할까?'처럼 비눗방울로 뭘 하겠다는 생각은 보이지 않습니다. 볼도 빵빵하게 부풀리지 않고 입술에도 힘이 별로 들어가지 않은 듯하지요. 그냥 편안하게 '후-' 하고 부는 것 같습니다.

에두아르 마네 | 1867 | 캔버스에 유채 | 100.5×81.4cm | 칼루스트 굴벤키안 미술관

사실 어른에게도 비눗방울 불기는 별다른 의미 없이 재밌는 일입니다. 비눗방울을 불 때 '어차피 터지는 비눗방울로 뭘 하려고?' '터지지 않게 무조건 크게 불어야 돼' '비눗방울로 돈을 벌어야지' 이렇게 생각하는 사람은 거의 없지 않겠어요?
커지면 커지는 대로, 터지면 터지는 대로 비눗방울이 자아내는 모든 우연의 효과를 재밌어할 뿐이죠.

내가 하는 일에 의미가 없다고 스트레스를 받는 분들에게 저는 오히려 굳이 뭘 하려고 하지 말라고 조언합니다. 상담을 받으러 온 분들에게도 애써 잘 그리려들거나 어떤 형태를 잘 만들려 하지 말고 그냥 손과 마음이 가는 대로 표현하라고 합니다. 그러다 보면 계속 같은 형태가 반복되다가 색깔이 바뀌기도 하고, 또 형태가 바뀌다가 새로운 그림이 탄생하기도 하지요. 처음에 아무 기대도 없던 작품이 멋지게 완성될 때 기쁨이 더 커지고 의욕이 생기기도 합니다.

결과가 좋아야 한다는 생각,
너무 잘하려는 강박관념이
우리를 힘들게 할 때도 있습니다.

나에게 도움을 주는 사람들

존 밀레이 John Everett Millais
눈먼 소녀 The Blind Girl

일과 삶의 균형이 중요하다고 하지만 사실 우리가 처한 현실에서 균형 잡힌 삶을 찾기란 쉽지 않습니다. 퇴근해 돌아오면 지쳐 쓰러져 잠들고 아침이면 기계적으로 일어나 또다시 동분서주하며 시간 가는 줄도 모르고 사는 게 보통 직장인의 모습이죠.

눈코 뜰 새 없이 바쁘단 말이 있듯,
일에 너무 매몰되면 '눈먼' 상태가 되어
주변을 살피지 못하기 십상입니다.

비가 그치고 쌍무지개가 뜬 주변의 변화를 인지하지 못하는 그림 속 눈먼 소녀처럼요. 이런 상태에서는 심신이 망가져간다는 사실조차 깨닫지 못한다는 점도 문제가 됩니다.

실제 과로로 인한 스트레스는 몸에 악영향을 미칩니다. 지속적으로 스트레스를 받으면 '코르티솔cortisol'이란 호르몬 수치가 높은 상태로 유지되는데, 이는 혈액 속 지방과 당 수치를 높여 피로와 무기력증은 물론 비만, 고혈압, 당뇨까지 불러일으킨다고 알려져 있습니다.

눈먼 자를 위한 이 그림의 힘이라고 하면 세 가지가 있겠습니다. 먼저 한 가지에 매몰된 시선을 잠시 그림으로 돌려 코르티솔 수치를 낮추는 힘, 노랗고 붉은 난색 계열을 통해 신체 에너지를 선사하는 힘, 그리고 작은 조력자의 존재를 통해 정서적 위안을 주는 힘이 있습니다.

존 밀레이 | 1854~56 | 캔버스에 유채 | 82×60.8cm | 버밍엄 박물관 및 미술관

눈먼 소녀의 곁에는 어려 보이긴 하지만 제법 든든한 조력자가 보입니다. 이 어린아이가 혼자 무지개를 보며 감탄하는 데 그칠 것 같지는 않지요? 보이지 않는 소녀를 위해 금방이라도 상황을 설명하는 목소리가 들려올 듯합니다.

"비 그친 하늘에 무지개 두 개가 피었어" "빛이 비추고, 물기 맺힌 황금빛 밀밭에는 새들이 앉았어" 하고 말입니다.

일에 치여 내가 많은 것을 놓치고 있을 때,
그래도 곁을 지키며 도움을 주는 사람들을 떠올려보세요.

나보다 더 힘없고 연약한 존재일지라도 그런 사람의 존재가 우리에겐 생각지도 못한 큰 힘이 되어줍니다.

신선한 아이디어를 얻으려면

앙리 마티스 Henri-Émile-Benoît Matisse
폴리네시아, 하늘 Polynesia, the sky
폴리네시아, 바다 Polynesia, the sea

일상이 갑갑할 때 최고의 스트레스 해소법 중 하나가 여행이죠. 잿빛 도시에서 벗어나 푸르른 바다와 탁 트인 하늘을 볼 때면 마음이 뻥 뚫리고 온갖 번민도 다 날아갈 듯합니다.

그림에서도 그렇습니다.
하늘이나 바다를 보면 마음이 자유로운 것처럼, 사물 자체가 지닌 고유색인 파랑이 연상작용을 통해 우리에게 자유로운 감정을 일으킵니다.

폴리네시아, 하늘 | 앙리 마티스 | 1946 | 과슈·종이 붙이기 | 200×314cm | 조르주 퐁피두 센터

폴리네시아, 바다 | 앙리 마티스 | 1946 | 과슈·종이 붙이기 | 196×314cm | 조르주 퐁피두 센터

색의 연상이란 우리가 색을 볼 때 개인적인 경험이나 심리 작용을 통해 어떤 사물이나 느낌을 떠올리는 것을 가리키는데, 이 연상이 개인차를 초월해 사회적으로 보편성을 나타내면 '상징'이 됩니다. 프랑스의 삼색기에서 파랑이 자유의 상징으로 통하듯 파랑에 대한 사람들의 정서적 반응은 거의 공통된 수준에 이르렀다고 볼 수 있죠.

일하다 보면 신선한 아이디어가 떠오르지 않아 답답한 시기가 있습니다. 똑같은 일상, 똑같은 공간, 똑같은 자극 속에 갇혀 있기 때문이죠. 이럴 때 자유로운 하늘과 바다를 찾아 멀리 여행을 떠난다면 좋겠지만, 그럴 수 없다면 이 그림이 충분한 도움이 됩니다.

마티스는 〈폴리네시아, 하늘〉 〈폴리네시아, 바다〉 연작에서 색채로서 파란색을 활용한 것뿐 아니라 하늘과 바다라는 공간 자체를 표방했습니다. '하늘'에는 채도가 높은 파랑을 써 밝고 경쾌한 느낌이 들게, '바다'에는 그보다 다소 채도가 낮은 파랑을 써 심해의 어두운 부분과 바다의 질푸름이 연상되도록 했습니다.

이 하늘과 바다를 유영하는 사물들의
정체가 무엇인지 알아볼 수 있나요?

하늘에는 큰 새들이 날아다니는 듯하고 바다에는 물고기와 바닷가재, 해초들이 떠다니는 것 같죠. 눈, 코, 입이 있는 것도 아니고 표피 질감이 구현된 것도 아닌데 어떻게 그것을 직관적으로 알 수 있는 걸까요. 마티스는 종이를 오려 붙일 때 사물의 가장 본질적인 특징에 닿기 위해 새를 300마리 넘게 새를 관찰하고, 형태 하나를 200번 드로잉했다고 합니다. 그런 노고를 통해 탄생된 세상에서 가장 경쾌하고 단순화된 형태들이 우리 눈을 더없이 시원하게 해줍니다.

푸르른 하늘과 바다 그리고 단순한 사물들의 유희 속에서
자유로운 발상의 자극을 받아보세요.

Un autre mot pour la créativité est le courage.

창의의 다른 말은 용기이다.

–앙리 마티스

짜증을 풀려면 붉은 방에 가라

앙리 마티스 Henri-Émile-Benoît Matisse
붉은 조화 Harmony in Red

일하다 보면 마음대로 안 되는 것도 많고, 결과라고 나온 것도 마땅치 않아서 짜증이 솟구칠 때가 있습니다.

이 그림은 짜증스러운 감정을 정화하는 데 도움이 됩니다.

앞에서 설명했듯 빨강은 사람을 흥분시키는 자극 효과가 있습니다. 언뜻 생각하기에 짜증을 더할 것 같기도 합니다만, 상승과 분출은 해소라는 양가적 기능을 지니기에 짜증이 들 때 빨간색을 보는 일은 결코 나쁘지 않습니다.

앙리 마티스 | 1908 | 캔버스에 유채 | 180.5×221cm | 에르미타주 미술관

비슷한 예로, 핏빛 구름과 경악이 가득한 뭉크의 〈절규〉라는 그림을 에너지가 하나도 없는 사람이 고르기도 하지만, 아주 화가 나서 감정이 고조된 사람이 고르기도 합니다.

이 그림을 보세요.
붉은 방에 있는데도 차분히 자기 할 일을 하고 있는 여인이 있습니다. 표정을 들여다볼까요. 어떤 거리낌도 없이 묵묵하게 지금 일을 즐기고 있음을 알 수 있습니다. 식탁에는 쾌활한 긍정을 주는 노란 과일들이, 창밖으로는 마음이 쉴 수 있는 초록의 공간이 있습니다. 빨간색이 지배적이지만 보는 사람으로 하여금 감정에 삼켜지지 않고 외려 화가 풀리게 합니다.

그야말로
이 그림의 제목이 가리키는
'붉은 조화'의 힘인 셈이죠.

나도 의욕적으로 일하고 싶다

장 조프루아 Henry-Jules-Jean Geoffroy
교실, 공부하는 아이들 The Children's Class

인간은 관계적인 존재이기 때문에, 사회적 환경에 심리적인 동기가 영향받기도 합니다. 그중 단순히 다른 사람의 존재로 인해 나의 수행이 향상되는 현상을 '사회적 촉진social facilitation'이라고 합니다.

방해요소가 있는데도 굳이 사람 많은 도서관을 찾아가거나, 커피숍에서 이어폰을 끼고 자기 일을 하는 사람들 사이에서 저절로 집중되는 경험을 한 번쯤 해보았을 것입니다.

'사회적 촉진'이라는 용어를 정립한 사회심리학자 플로이드 올포트Floyd Allport는 단순히 다른 사람의 존재에서 비롯한 시청각적 자극만으로도 능률이 향상된다고 말합니다.

공부나 일에 좀처럼 의욕이 생기지 않을 때
이 그림이 자아내는 분위기는 무의식적으로
나의 심리를 움직일 것입니다.
진심 어린 조언이나 가족의 잔소리, 스스로의 다짐보다도
남들이 열심히 하고 있는 압도적인 풍경 자체가
의욕의 원천이 될 수 있기 때문입니다.

천진난만한 아이들의 세상을 화폭에 담은 화가 조프루아의 그림은 우리를 19세기 프랑스 교실로 데려다놓습니다. 때묻지 않은 순수한 어린 아이들 각자에게서 저마다의 개성이 보이죠?

장 조프루아 | 1889 | 캔버스에 유화 | 프랑스 교육부

선생님에게 적극적으로 질문하는 아이, 스스로 책을 참고하며 문제를 풀어보려는 아이, 친구한테 뭘 좀 알려주려는 아이, 필기구가 잘못되었는지 진지하게 살피는 아이, 또 선 채로 책에서 고개를 못 떼는 아이도 있습니다.
그 모습이 어떻든 모두 이 수업시간에 열중해 있습니다. 조막만한 아이들도 이런데, 하물며 나도 뭔가 배우고 일해야 할 것 같은 생각이 절로 드는 그림입니다.

분홍빛 볼을 한 아직 어리디 어린 존재들이지만, 잿빛과 갈색의 배경이 나름 차분하고 수업에 집중된 분위기를 조성해 아이들의 열성을 더욱 돋보이게 합니다. 참고로 이 그림은 프랑스 교육부가 의뢰하여 제작되었다고 하지요.

배움에 대한 열정

장 밥티스트 시메옹 샤르댕 Jean-Baptiste-Siméon Chardin
젊은 여선생 The Young Schoolmistress

철학자 알랭 드 보통Alain de Botton은 이 그림을 그린 화가 샤르댕에 대해 "여성들이 집안에서 하는 일이나 오후의 햇빛을 받는 낡은 도기를 하찮게 여기는 인생관을 전복시키는 예술가"라고 표현했습니다.

그의 말처럼 이 그림은
단 두 사람이 출연하는 일상의 소박한 한순간을 그렸을 뿐이지만
배움에 대한 열정의 분위기로 가득 차 있습니다.

장 밥티스트 시메옹 샤르댕 | 1735~36 | 캔버스에 유채 | 62×67cm | 내셔널 갤러리

제목이 〈젊은 여선생〉입니다. 선생님이라곤 해도 아직 볼에서 홍조가 가시지 않은 젊은 사람인 것 같지요. 입 모양을 보면 지금도 말하는 중입니다. 선생님이 이렇게 열심히 가르치는데, 아이는 알아듣고 있기는 할까요?

알아듣는지 못 알아듣는지는 모르겠지만 선생님 못지않게 열심인 것은 분명합니다. 아직 두상도 크고 살도 토실토실한 꼬마가 제법 손짓하며 책의 지문을 가리키기도 하고요. 아이들은 어느 순간에나 스스로 흥밋거리를 찾아낸다고 하는데, 아마 아이가 쓰고 있는 특이한 모자도 그중 하나일 것입니다. 공부해야 하니까 가서 앉기는 하는데 그냥은 안 갑니다.

엄마가 권해서가 아니라 자기가 쓰겠다고 고집 피운 것 같은 모자를 뒤집어쓰고 열심히 귀를 기울이고 있습니다. 그림에 특별한 움직임은 없지만 이들의 열중한 모습에서 동적인 에너지와 의욕을 전달받을 수 있습니다. 덤으로 두 사람의 사랑스러움이 자아내는 미소까지요.

Quand quelqu'un paye
un tableau 3.000 francs,
c'est qu'il lui plaît. Quand
il le paye 300.000 francs,
c'est qu'il plaît aux autres.

누군가가 3,000 프랑에 그림을 산다면
자신을 기쁘게 하기 위해서다.
하지만 누군가가 30만 프랑에 그림을 산다면
그건 다른 사람들을 기쁘게 하기 위해서다.
— 에드가 드가

마음을 어루만지는 그림이 필요한 이유

에드가 드가 Edgar Degas
시골 경마장 At the Races in the Countryside

"디자인을 하고 싶을 뿐인데 사람을 상대하는 것이 주된 업무처럼 느껴질 때가 있어요."

'하고 싶은 일 한 가지를 하려면 하기 싫은 일 아홉 가지를 해야만 한다'라는 말처럼, 하기 싫은 일을 어쩔 수 없이 해야 하는 스트레스를 호소해오는 이가 많습니다.

에드가 드가 | 1869 | 캔버스에 유채 | 36.5×55.9cm | 보스턴 미술관

좋아하는 일을 위해서라며 그저 참기에는 이 스트레스가 무시할 만한 수준이 아닙니다. 서러움이나 억하심정이 드는 것은 물론이고 때로는 좋아하는 일에 대한 열정까지 잡아먹히곤 하죠. 그래서 관리가 반드시 필요한데, 여기에 특히 도움이 되는 그림이 드가의 〈시골 경마장〉입니다.

"저는 이 그림이 너무 좋더라고요."
"왜 좋으세요, 이 그림이요?"
"하늘이 되게 크게 나와 있고, 평원이 끝도 없는 것 같아요."

비슷한 문제로 찾아온 사람들을 상담해보면 대부분 이런 말이 오갑니다. 사실 탁 트인 하늘과 대평원을 다룬 그림은 이 밖에도 많을 겁니다. 그런데도 유독 이 그림이 마음을 어루만진다는 이유는 또 어떤 요소 때문일까요?

여러분은 눈치챘나요?

앞의 말 두 마리를 한번 주목해보세요. '말' 하면 어떤 이미지가 떠오르나요? 아마 '달린다'는 이미지가 가장 클 겁니다. 말이 말임을 가장 잘 드러내려면 근육이 불거지도록 역동적으로 달리고 있는 모습이어야 합니다.

그런데 이 그림에선 말이 달리지 않고 서 있습니다. 달리는 말로 표현되었다면 말은 계속 일하는 셈이고, 따라서 보는 이에게 피로감을 주었을 겁니다.
하지만 이 말들은 고삐에 매였으면서도 '원하든 원치 않든 달려야 함'에서 비껴서 있습니다. 이 넓은 평원에 '서 있는' 말, 그 자체에서 우리는 쉼의 정서를 받습니다.

하기 싫은 일로부터의 스트레스

자코모 발라 Giacomo Balla
줄에 매인 개의 움직임 Dynamism of a Dog on a Leash

이 그림을 보세요.
바로 앞 그림과는 정반대 풍경이죠?

과하게 치장된 개 끈에 묶여 다다닥 발을 놀리는 강아지가 보입니다. 하기 싫은 일 때문에 스트레스를 받는 이들은 이 그림에서 피로를 느끼기보다 웃어버리고 말지요.

자코모 발라 | 1912 | 캔버스에 유채 | 95.57×115.57cm | 올브라이트 녹스 미술관

〈줄에 매인 개의 움직임〉. 제목만 봐도 안쓰러운 한편 웃음이 나지 않나요. 형체도 잘 보이지 않을 정도로 열심인 발놀림을 보면서 괜스레 내가 겹쳐지기도 하고 우스운 거지요.

이 그림은 '아, 맞아' 하고 풋 웃으면 된 것입니다.
그것만으로 스트레스가 꽤 풀리기도 한답니다.

집중력을 위한 최상의 분위기

조르주 드 라 투르 Georges de La Tour
작은 등불 앞의 **막달라 마리아** Magdalen with the Smoking Flame

집중해야 하는데 뜻대로 되지 않을 때가 있습니다. 그럴 때 우리는 어떻게 하나요? 주변의 산만한 것들을 치우고 조도와 소음도 거슬림 없는 수준으로 맞추려고 노력하죠.

즉 집중이란 것은 마음가짐도 중요하지만 그 '분위기'가 큰 몫을 합니다. 그래서 매우 집중하고 있는 분위기의 그림을 보면 그 '느낌'이 뇌에 전달되어 집중력이 높아집니다.

대표적인 그림이 조르주 드 라 투르의 〈작은 등불 앞의 막달라 마리아〉입니다.

한 여성이 가만히 촛불에 집중하고 있습니다.
일단 전체가 어두운 가운데 공간 일부만이 빛을 받으니 그쪽으로만 눈이 가게 됩니다. 형태가 분산되지 않고 초에 모여 있는 데다 빛을 받는 부분도 살갗과 옷, 초의 간략한 색상으로 처리되었죠.

만약 그림 속 광원光源이 초가 아니고 밝은 전구였다면 어땠을까요? 결혼식장의 조명을 상상해보세요. 어두운 구석이라곤 없이 속속들이 밝은 빛을 비추지요. 그에 비해 초는 특정 부분만 집중적으로 밝힐 수 있습니다. 이 그림은 정신적으로 스트레스를 받는 사람들이 많이 선호하는 그림이기도 합니다.

차분하게 나 자신을 돌아보는
명상의 시간이 필요할 때 역시
이런 '분위기'가 도움이 된다는 것이지요.

조르주 드 라 투르 | 1640~45 | 캔버스에 유채 | 128×94cm | 루브르 박물관

긴장을 풀어주는 노랑의 힘

폴 고갱 Paul Gauguin
기도하는 브르타뉴의 여인 Breton Woman in Prayer

큰일을 앞두고 무언가를 간절히 바랄 때면 굉장히 긴장되기도 하지요. 이 그림은 그런 상태를 누그러뜨리고 마음을 편안케 도와줍니다.

여인이 기도하고 있습니다. 배경이 어두운 단색이 아니고 세속의 사물들로 둘러싸여 있어 무언가 큰일을 앞두고 기원하는 듯 보입니다. 하지만 극도의 긴장감보다는 편안함이 느껴집니다.

여기엔 우선 '노랑'의 힘이 눈에 띕니다.

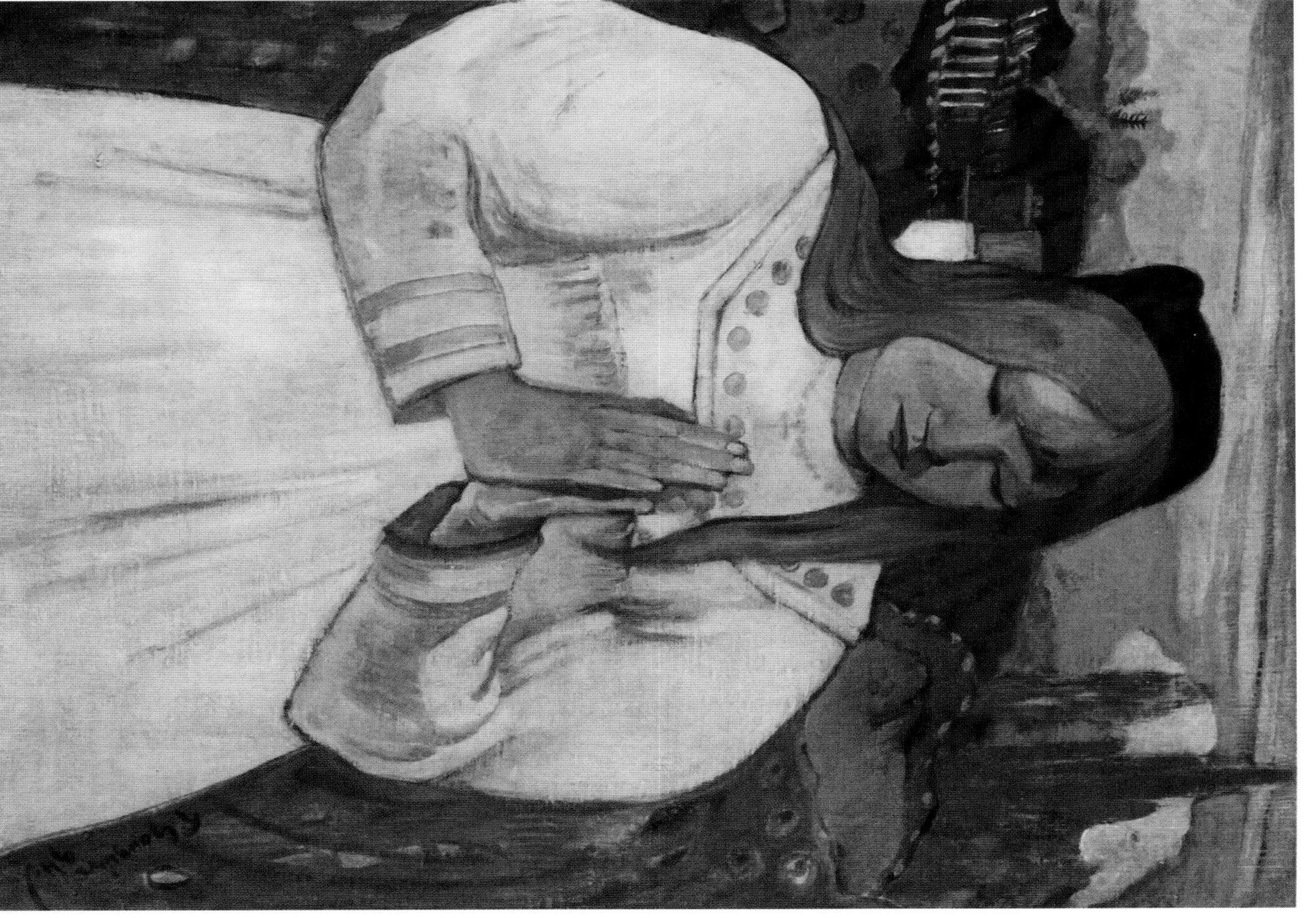

폴 고갱 | 1894 | 캔버스에 유채 | 65.3×46.7cm | 스털링 앤 프란시네 클락 아트 인스티튜트

자연에서 우리는 언제 노랑을 보나요?

잘 여문 곡식과 빛나는 태양의 고유색이 바로 노랑입니다. 곡식이 수확의 기쁨을 주고 태양이 무한한 에너지를 발하는 것처럼, 노랑은 항상 밝음의 본성을 내포하는 색입니다.

실수하거나 떨어질까봐 두려운 마음, 부정적인 생각을 몰아내고 밝고 긍정적인 사고를 하도록 돕지요. 그동안 수많은 화가가 희망의 상징물에 노란색을 넣어왔고, 그 때문에 노랑의 힘은 알게 모르게 우리의 경험에 축적되어왔습니다.

고갱이 여인에게 입힌 옷은 또 어떤가요.

화면을 꽉 채울 만큼 품이 넉넉하고 풍만합니다. 옷의 질감도 따뜻한 벨벳처럼 느껴져 그 보드라운 품에 안기고 싶습니다. 이처럼 색채나 질감 등 시각에 들어온 요소는 심신 전체의 이완에 영향을 미칩니다.

중요한 미팅, 면접 또는 시험을 앞두고
쉽게 긴장한다면
이 그림에 편안히 마음을 내려놓기 바랍니다.

에너지가 쏟아지는 순간을 맞이하라

가쓰시카 호쿠사이 葛飾 北斎
가나가와 해변의 높은 파도 아래 The Great Wave off Kanagawa

저는 이 그림을 보면 쿠엔틴 타란티노Quentin Tarantino 감독의 영화 〈킬 빌〉의 한 장면이 떠오릅니다. 이 시퀀스는 한 여인과 거대 조직 사이의 잔인한 복수극이 인상적인 일본 애니메이션으로 표현되었습니다. 명도 대비가 높은 그래픽이 활용되어 폭력의 고통과 칼의 서늘함, 피비린내 나는 격렬함이 깜짝 놀랄 정도로 잘 와 닿았던 기억이 납니다.

冨嶽三十六景 神奈川沖浪裏
北斎改為一筆

가쓰시카 호쿠사이 | 1829~32 | 판화 | 25.7×37.8cm | 기메 국립 아시아 미술관

이 작품도 가장 역동적인 자연의 절정을 그래픽처럼 포착한 그림입니다. 희디 흰 거품부터 칠흑 같은 바닷물까지, 차이가 분명한 색상들이 우리에게 확확 쏟아지는 에너지를 줍니다.

파도 아래에 그려 넣은 배들이 파동을 타는 움직임이 느껴지고, 왼쪽으로 치우친 비대칭 구도가 우리의 눈에 강한 자극을 전달합니다.

어떤 일을 할 때 한꺼번에 몰아친다는 느낌을 받을 때가 있지요. 저 역시 당시에는 과중하다고 느꼈지만 막상 해내고 보니 큰 경력으로 남은 일이 많습니다.

조금 힘들더라도
시원한 파도의 움직임을 느끼면서
힘을 내보면 어떨까요.

불안한 마음을 해소하는 방법

산드로 보티첼리 Sandro Botticelli
비너스의 탄생 The Birth of Venus

다음 그림을 보세요.

가운데에 무엇이 등장할까요?

마음껏 떠올려보세요. 그림을 그려도 좋습니다.

산드로 보티첼리 | 1483~85 | 패널에 템페라 | 172.5×278.5cm | 우피치 미술관

첫 출근 전의 신입사원이나 시험을 앞둔 수험생 등 일의 결과가 불안한 이들에게 저는 이 그림을 통해 상담을 해주곤 합니다. 그럴 때 그들은 주인공이 있는 자리에 자신이 원하는 것을 투영하는 경향을 보입니다. 제가 상담했던 사람들은 물고기, 꽃 등 주로 희망찬 생명들, 그리고 본인이 그리워하는 사람을 많이 그렸지요.

여러분의 그림 속엔 무엇이 있나요?

그림 속에 등장하는 존재들은 인간처럼 보이지만 모두 비범한 신입니다. 작은 꽃잎 하나도 신의 산물이지요.

당신에게 앞으로 무슨 일이 기다리는지, 저 조개에서 어떤 결과가 튀어나올지는 모릅니다. 하지만 당신에게서 새롭게 탄생하는 것은 늘 그 자체로 경이롭습니다. 또한 당신 곁엔, 자신이 지닌 힘으로 보조해주려는 조력자들이 함께할 것입니다. 여기 벌거벗은 비너스를 따뜻한 색상의 부드러운 천으로 확 감싸주려는 존재처럼, 바람을 후후 불어서 순탄한 이동을 돕는 존재처럼 말입니다.

나의 감정을 이해해주세요

후고 짐베르크 Hugo Gerhard Simberg
부상당한 천사 The Wounded Angel

서로 다른 해석과 느낌이 있을 수 있는 그림입니다. 어떤 사람은 들것을 든 두 아이의 표정이 너무 어두워 우울하다고 하고, 또 어떤 이는 "천사도 부상을 당해?"라며 다소 우스꽝스러운 상황으로 이해하기도 합니다.

여기서는 중심에 있는 천사에 주목해볼까요. 붕대를 감은 채 들것의 막대를 부여잡고 있는 모습이 정말 아픈 것처럼 느껴지지요. 그래서 이 그림은 뭔가에 낙심한 사람에게 힘을 주기도 합니다.

"낙심한 사람들이 이 그림을 보면 더 슬프지 않을까요?"

이렇게 의문하는 사람도 있을 겁니다.
하지만 어떤 문제가 있을 때 마주하기 괴로워 피하는 대신 그 문제에 빠져들면 훨씬 위안이 됩니다. 명랑한 음악이 아니라 슬픈 음악을 들을 때 아픈 마음이 나아지는 경험을 한 번쯤 해보았을 것입니다.

이렇듯 사람은 나의 감정을
동일하게 이해해줄 수 있는 대상을 찾습니다.

낙심한 사람은 부상당한 천사와 자기를 동일시하게 되고, 이는 곧 효과적인 치유의 일환이 됩니다. 더구나 천사가 혼자 내버려진 것이 아니고, 힘없는 어린아이들까지 돕겠다고 나선 상황도 은연중에 위안으로 작용합니다.

지금 슬럼프에 빠져 힘들거나 결과에 낙심하고 있다면, 이 그림에서 천사와 함께 쉬어갈 수 있길 바랍니다.

후고 짐베르크 | 1903 | 캔버스에 유채 | 127×154cm | 아테네움 미술관

Relationship

아름다운 그림은 구체적으로 어떤 힘을 지닐까

오귀스트 르누아르 Pierre-Auguste Renoir

피아노 치는 소녀 Young Girls at the Piano

저에게 르누아르의 이 그림을 고른 여학생이 있다며, 어떤 심리상태인지 알고 싶다는 의뢰가 온 적이 있습니다. 저는 의뢰자에게 이렇게 말해주었습니다. 그 학생에게 친한 여동생이나 언니가 있을 듯하고, 지금 가족을 무척 그리워하는 것 같다고요.

실제로 그 여학생은 공부하느라 지방에서 올라와 혼자 살고 있었는데, 어렸을 때 매우 친했던 언니가 있다고 합니다. 고3 수험생이 단칸방 벽에 이 그림을 붙여놓고 언니와의 추억을 떠올리며 그리움을 달랬던 것이죠.

'벽에 걸어놓을 그림은
사람의 영혼을 맑게 씻어주는 환희의 선물이 되어야 하고
즐겁고 유쾌하고 예쁜 것이어야 한다.'

르누아르의 명쾌한 모토처럼, 따뜻한 봄 햇살 같고 어느 하나 격한 요소가 없는 화목하고 사랑스러운 그림입니다. 이렇게 아름다운 그림은 구체적으로 어떤 힘을 지닐까요?

런던 대학교 세미르 제키Semir Zeki 교수는 유명화가의 미술작품을 감상한 대상자에게 '아름다움' '보통' '추함' 등으로 느낌을 표현하도록 유도하고 뇌 활성도를 관찰했습니다. 그 결과, 아름답다고 평가했을 때는 뇌 전두엽의 보상계인 내측안와전두엽이 활성화되는 것이 발견됐습니다. 보상계란 도파민dopamine 같은 신경전달물질을 통해 즐거움과 쾌락을 느끼는 뇌의 영역입니다.

시각으로 인지된 그림이
사람의 감정이나 심리상태를 좌우하는 뇌에도 영향을 미쳐
행복감을 불러일으킨다는 얘기입니다.

오귀스트 르누아르 | 1892 | 캔버스에 유채 | 116×90cm | 오르세 미술관

내담자를 포함한 수많은 사람이 '그림은 무조건 예쁘게'를 표방한 르누아르의 작품을 보며 특히 즐거워하거나 웃음을 되찾고, 때로 친밀한 관계에 대한 그리움을 달래는 것도 이와 관련이 있습니다.

또 시각신호 가운데 심리와 관계가 가장 깊은 요소는 색입니다. 색이 지닌 고유한 진동과 주파수는 우리 뇌에 전달되어 반응을 일으킵니다. 일본의 색채심리학자 스에나가 타미오末永蒼生는 어떤 색이 시상하부에 전해지면 쾌감의 전달통로인 A10신경을 통과, 뇌의 편도핵에 도달해 '좋다' 혹은 '나쁘다'라는 판단으로 이어진다고 말합니다.

이 그림의 경우 우리가 편안하면서 좋다고 판단하게 되는
주황, 초록, 갈색이 다 같이 어울려 있습니다.
특히 갈색은 가을, 나무, 낙엽의
자연색으로서 차분한 느낌을 줍니다.

옷을 선택할 때도 이 점을 활용할 수 있습니다. 일본의 어느 실험에서는 면접자가 검정과 하양을 섞은 회색 양복을 입었을 때 합격률이 더 높았는데, 이는 회색의 색감이 조직에 섞여드는 느낌을 주기 때문이라고 합니다. 마찬가지로 검정과 노랑을 섞은 갈색 옷도 좀더 순응적인 느낌을 전하고 싶을 때 유용합니다.

어느 날 아침, 우리 중 검은색 물감이 없던
누군가가 파란색을 썼고,
그렇게 인상주의가 탄생했다.

– 오귀스트 르누아르

우리 마음에 잔잔한 위로를 던져주는 그림

빈센트 반 고흐 Vincent van Gogh

우체부 조제프 룰랭의 초상 Portrait of the Postman Joseph Roulin

고흐는 자화상을 많이 그린 것으로 유명하죠. 젊었을 때의 자화상, 머리를 짧게 자른 자화상, 귀를 자른 뒤의 자화상, 회색 모자를 쓴 자화상, 밀짚모자를 쓴 자화상……. 그런데 문득 이런 궁금증이 듭니다.

'고흐는 왜 자기 모습만 그리고
다른 사람은 안 그렸을까?'

빈센트 반 고흐 | 1889 | 캔버스에 유채 | 64.4×55.2cm | 뉴욕 현대미술관

고흐가 다른 사람을 많이 못 그린 이유는 여러 가지가 있을 겁니다. 먼저 고흐가 그리는 인물 그림이 당시 사람들이 보기에 아주 예쁘지는 않았나봅니다. 지금이나 그때나 그림이라고 하면 실제보다 미화시켜주길 바라는 심리가 있습니다. 요즘도 공원에서 초상화를 그리는 화가에게 '내 얼굴과 비슷하지 않아도 좋으니 예쁘게 그려달라'는 주문을 많이 한다지요.

또한 불같은 성질에 비타협적이었던 고흐가 사람들과의 교류를 즐기지 않았던 점도 이유가 됩니다. 마지막으로 가장 현실적인 이유는 모델료를 제대로 지불할 수 없었던 경제적 형편입니다. 동생에게 물감 살 돈조차 없다는 편지를 썼을 정도였으니까요.

그랬던 고흐가 이런 초상화를 남겼다니 놀랍지 않나요? 고흐의 다른 그림들과 사뭇 양상이 다르죠. 친근하고, 가볍고, 따스한 느낌이 듭니다.

고흐가 그림 속 인물을 좋아했다고 느껴지는 게, 배경엔 장식과 꽃을 수놓았고 수염도 뱅글뱅글한 곡선으로 유쾌하게 표현했습니다. 또 파란 옷을 초록 배경과 조화시켜 편안함을 줍니다. 이런 표현은 인물에 대한 화가의 관심과 호감을 나타냅니다. 불편하고 싫은 사람이었다면 자기 감정에 충실한 고흐의 성격상 이런 요소를 많이 넣지 않았을 겁니다.

이 사람은 고흐에게 어떤 사람이었을까요.

사교성이 없는 고흐도 마음을 내어줄 만큼 따뜻하고 정 많은 사람이었을 겁니다. 또 모델료를 따로 지불하지 않아도 함께 술을 마시거나 식사하는 것만으로 충분한 사람이었겠지요. 실제로 우체부 룰랭은 고흐가 프랑스 남부 아를Arles에서 유일하게 우정을 나눈 친구였습니다. 넉넉한 성품으로 고흐의 예민함을 이해하고 받아들여주었거든요.

아를 주민들이 정신발작을 일으킨 고흐를 정신병원에 감금하려 했을 때도 룰랭의 가족은 끝내 그의 곁을 지켜주었다고 합니다. 고흐는 룰랭뿐 아니라 그의 아내 오귀스틴, 아들 카미유 등 일가족의 초상화를 모두 그렸습니다.

사람이 어렵기만 하고,
내 곁에 아무도 없는 것 같은
외로움을 느낄 때 고흐를 떠올려보세요.
비운의 화가, 격렬한 고뇌의 화가,
살면서 끝없이 고독했던 화가로 알려진 고흐에게도
친구가 한 명 있었다는 사실이
우리 마음에 잔잔한 위로를 던져줍니다.

Ik droom van schilderen en dan schilder ik mijn droom.

나는 그림을 꿈꾸다가 꿈을 그린다.

–빈센트 반 고흐

사교적 활동과 대인관계에 좋은 색깔

이중섭
해와 아이들

개인적으로 저는 제 아이들을 위해서라도 건강하게 오래 살고 싶습니다. 부모의 존재는 자녀들에게 어느 상황에서든 의지할 수 있는 든든한 기둥이 되기 때문입니다. 양가 부모님이 일찍 돌아가신 저는 어른들로부터 삶의 지혜를 구하고 위로받고 싶을 때면 마음의 공백을 느끼곤 합니다. 중년에 이르러서도 부모님이 그리울 때가 많습니다.

그런데 요즘은 가족이 있어도 가족을 그리워한다고 합니다. 아이를 일찍 유학 보낸 가정, 아내와 자식을 타지로 보낸 기러기 아빠, 잠잘 때나 얼굴을 보는 맞벌이 부부 등 가족이 해체되는 경향이 갈수록 짙어지고 있습니다. 성년이 된 자식을 품에서 떠나보낸 중년 부모들 역시 가족에 대한 그리움을 많이 토로합니다.

이 그림은 이중섭이
가족과 떨어져 있을 때 그린 작품입니다.

화가의 상상으로 빚어진 다양한 아이들이 다 함께 주황빛 햇볕을 쬐는 모습에서, 가족과 다시 함께 사는 일에 대한 희망이 느껴집니다. 물결 모양으로 번지는 태양빛에서는 온유한 율동감이 전해집니다. 미술치료와 관련된 한 논문에 의하면 화가가 자기치유 과정에서 희망, 상상, 자유, 변화, 가능성, 다양성을 표현한 작품은 감상자로 하여금 자신의 심리문제에 대한 인식 변화를 유도해 우울감을 해소시킨다고 합니다.

이 작품은 화가 이중섭 자신에게 치유가 된 것처럼
가족을 그리워하는 우리의 마음도 함께 밝혀줍니다.

이 그림은 특히 산모의 정서에도 좋습니다. 산모는 무엇을 봐도 태중의 아이를 대입시킵니다. 따라서 그림 속 아이들이 느끼는 포근한 행복감에 엄마 본인은 물론 뱃속의 아이도 편안함을 느낍니다.

이중섭 | 1952~53 | 종이에 연필과 유채 | 32.5×49cm

또 하나, 애정 어린 가족관계에 주황색이 쓰인 점에서 보듯 주황은 사교적 활동과 대인관계에 도움이 되는 색깔입니다. 대인관계가 원만한 사람들이 가장 좋아하는 색으로 많이 꼽는 것이 주황색입니다. 빨간색처럼 강하지는 않으면서 우리에게 에너지를 주고, 노란색처럼 쾌활하면서 그보다는 편안함을 주기 때문입니다.

그래서 사교적인 활동을 할 때
주황색을 잘 활용하면 좋습니다.

저만 해도 누군가를 처음 만나는 자리에 종종 주황색 스카프를 매고 가는데, 보기만 해도 기분이 좋아진다는 얘기를 듣곤 합니다. 선생님이라면 새 학교에 가서 새 아이들을 만나는 날, 주황색 액세서리를 착용해 보세요. 친근감을 높이는 데 효과 만점일 것입니다.

참된 애정이 충만할 때 비로소 마음이 밝아지는 법이다.

– 이중섭

한 번쯤 나의 모습을 돌아보게 해주는 그림

조르주 로슈그로스 Georges Antoine Rochegrosse
꽃밭의 기사 The Knight of Flowers

하버드 대학교 긍정심리학 교수 탈 벤 샤하르Tal Ben-Shahar는 그의 저서 『완벽의 추구』에서 우리가 행복하지 못한 원인을 '완벽주의에 대한 강요' 때문이라고 말합니다. 완벽이란 불가능한 환상인데도, 그걸 달성하지 못하는 좌절감이 우리를 생의 끝으로 내몬다는 것이죠.

그에 따르면 완벽주의자는 삶을 직선 도로로 생각하고 오로지 목적지에 초점을 두기에, 실패나 결함을 두려워합니다. 그림에서 완전 무장한 기사는 이런 완벽주의자의 모습입니다. 이 좋은 꽃밭에서 두꺼운 철갑을 두르고, 몸은 경직돼 있고, 주변의 온갖 손짓에도 시선은 오직 자기가 보는 곳에 멈춰 있습니다.

"사람들이 절 왜 싫어하는지 모르겠어요. 왜 절 가까이하지 않는 거죠?"라며 고민을 털어놓는 이들을 보면, 사람들에게 전혀 틈을 내주지 않는 완벽주의자가 많습니다.

자기만의 원리원칙을 고집하느라
얼마나 많은 재미를 놓치고 있는지,
많은 내담자에게 어떤 돌직구보다
강한 깨달음을 준 그림입니다.

철갑 두른 기사가 그렇듯 분명 주변에 사람이 없는 건 아닙니다. 그림 속 맨몸의 요정들처럼 적극적으로 다가오는 이도 있고, 편안하게 뛰놀 수 있는 꽃밭도 있습니다. 긴장을 풀면 자유롭고 편안하게 사람 관계를 맺을 수 있는데, 단지 내가 굳은 자세를 고집하고 있어서 보지 못할 뿐입니다.

사람들 사이에서 내가 자꾸 겉도는 것 같다면
다른 사람에게 문제를 찾기 전에
내 모습을 먼저 돌이켜보는 것은 어떨까요.
남이 손 내밀기 어려운 철벽같은 갑옷을 입고 있을지 모릅니다.

조르주 로슈그로스 | 1894 | 캔버스에 유채 | 235×374cm | 오르세 미술관

나 혼자만이 갖는 시간의 비밀

정선
인왕제색도

『혼자 잘해주고 상처받지 마라』,
『상처받지 않는 영혼』,
『너는 나에게 상처를 줄 수 없다』,
『모멸감』.

최근 몇 년간 발간된 책들입니다. 제목에서 알 수 있듯 사람 사이의 갈등과 상처가 우리가 받는 고통에서 큰 부분을 차지하는 것 같습니다. 『모멸감』에서는 남에게 받는 모멸을 '정서적인 원자폭탄'에 비유하고 있을 정도이지요. 하지만 타인에게 상처를 받은 사람은 물론 독한 말로 남에게 상처를 입힌 사람 역시 내면에 어떤 문제가 있는 것이 분명합니다. 이런 응어리는 어떻게 치유해야 할까요?

정선 | 1751 | 종이에 수묵 | 79.2×138.2cm | 삼성미술관 리움

저는 사람으로부터 스트레스를 받는 이들에게
혼자만의 시간을 충분히 가져보라고 권합니다.

저 역시 많은 일과 만남에 치여 나만의 시간을 갖기 힘들지만, 그래도 혼자의 시간을 가지려 애씁니다. 하지만 우리 일상 속에선 사람을 피하기가 쉽지 않습니다. 바다나 산으로 멀리 여행을 떠났는데 오히려 사람이 더 바글거리는 경우도 있고요.

그럴 때는 잠시 정선의 그림을 보면서
크게 심호흡하고 그림 속 외딴 풍경에 잠겨보세요.
흰 구름과 산속에 파묻힌 나만의 작은 별채에
홀로 머물고 있다고 상상하면서요.

또한 나를 괴롭히는 대상이 반대로 내게 어떤 도움이 되지는 않을지 한 번 생각해보는 시간을 가질 필요도 있습니다. 그림을 감상하며 마음이 편해지는 음악을 들으면 더 효과가 좋습니다. 제가 추천하는 음악은 슈베르트Franz Schubert의 즉흥곡 2번 내림 A장조인데, 어떤 심상이 떠오르기보다 투명한 음 자체를 즐길 수 있어서 그렇습니다. 자연 풍경과 잔잔한 음악만 흐르는 방송 채널을 이용해도 좋습니다. 색채와 사람을 지운 수묵산수화와 함께 마음의 번잡함을 씻어줄 것입니다.

주변 사람에 대한 새로운 시각을 갖게 하다

장 오귀스트 도미니크 앵그르 Jean Auguste Dominique Ingres
황제 권좌에 앉은 나폴레옹 Napoleon I on his Imperial Throne

몇 해 전 한 경매에서 나폴레옹의 이각모가 약 26억 원에 한국인에게 낙찰됐다는 깜짝 소식이 들려왔습니다. 그 주인공은 김홍국 하림그룹 회장이었는데요, 모자를 구매한 이유를 들어보니 "불가능은 없다는 나폴레옹의 도전정신을 평소 존경했기 때문"이라고 하더군요.

우리 모두 알고 있는 영웅 나폴레옹의 이미지는 바로 이런 것 같습니다. 목표를 이루고 말겠다는 굳건한 의지의 화신이자, 프랑스의 작은 섬 코르시카Corsica 출신이면서도 스스로 황제가 되어 전 유럽을 호령하고자 한 대야망의 사나이 말입니다.

자기를 포장하는 데도 능숙한 나폴레옹은 고대 그리스의 신성神性을 추구했던 화가 앵그르를 기용해 본인의 초상화를 그리게 했습니다. 그림에서 그는 정말 절대적인 힘을 가진 신처럼 보입니다.

그런데 저는 이것과는 조금 다른 이야기를 하려고 합니다. 그림 뒤에 숨겨진 그의 반전적인 면모를 들려주면, '저 사람은 너무 무심해' '저 사람은 짜증을 잘 내' 등 누군가에 대한 선입견으로 힘들어하던 내담자들이 새로운 시각을 얻어가곤 합니다.

나폴레옹은 대외적으로 강하고 경직된 모습을 보였지만
자신의 연인에게는 세상 어떤 남자보다 절절했습니다.

젊은 나폴레옹은 상사의 아내였던 조제핀Joséphine에게 반해 끊임없이 구애를 펼쳤습니다. 여러 권력가의 유혹을 받으며 이해득실을 따지던 매력녀 조제핀도, 결국 나폴레옹의 집요한 구애에 넘어가 동거했다지요. 나폴레옹은 동거만으로는 안심할 수 없어 일단 결혼서약부터 하고 전쟁터로 떠납니다. 전쟁터로 가던 길목에선 꿈에 조제핀이 나타났다는 이유만으로 한달음에 집으로 향하기도 했고, 전쟁 중에도 줄곧 낯뜨거운 연서를 썼습니다. 결혼에 성공하면 소홀해질 법도 하련만, 나폴레옹은 변함없는 사랑을 보였습니다. 욕조에 그녀가 좋아하는 장미꽃잎을 가득 띄워주는 한편 장미향이 나는 향수도 자주 선물했다고 하네요.

하지만 나폴레옹은 아내의 외도와 사치, 후사 문제가 겹쳐 이혼하게 됩니다. 그리고 오스트리아 합스부르크 왕가의 공주 마리 루이즈Marie-Louise와 재혼하죠. 비록 정략결혼이었지만 그는 그녀에게 또다시 최선을 다합니다. 별 기대 없이 결혼한 마리 루이즈도 행복에 겨운 편지를 주변 지인들에게 썼다고 합니다. 그녀의 초상화를 보면 그림마다 나폴레옹이 선물한 263캐럿 다이아몬드를 목에 건 모습이 눈에 띕니다.

한 사람과 해로한 것은 아니지만
자기 여인에게는 누구보다 최선을 다한 나폴레옹의 사랑꾼 면모.
이 그림에서는 상상할 수 없는 전혀 다른 인간상 아닌가요?

꽤 많은 여성이 자신의 배우자가 밖에서는 강한 능력자일지라도 집에서는 한없이 다정하고 사랑을 표현해주는 남성이기를 원하는 경향을 보입니다. 그런 분들이 이 그림을 놓고 이런저런 상상을 이야기할 때 큰 즐거움을 느끼곤 합니다. 또한 사람한테는 어느 하나가 아닌 다양한 모습이 공존한다는 점도 알게 됩니다.

지금 내가 그토록 어려워하는 사람도,
나를 힘들게 해서 밉기만 한 사람도,
어딘가에 여리고 따스한 면모를 숨기고 있을지 모릅니다.

장 오귀스트 도미니크 앵그르 | 1806 | 캔버스에 유채 | 259×162cm | 앵발리드 군사박물관

어른이 되면서 주변에 사람이 줄어든 이들

오귀스트 르누아르 Pierre-Auguste Renoir
물랭 드 라 갈레트의 무도회 Dance at le Moulin de la Galette

노트르담 성당의 종지기 콰지모도는 곱사등에 애꾸눈, 절름발이라는 흉측한 외모 때문에 늘 숨어 살았습니다. 그러던 그가 어느 날 광인들의 교황을 뽑는 축제에서 주인공이 됩니다. 축제의 환호 속엔 다분히 조롱기가 섞였으나, 그러거나 말거나 콰지모도는 난생처음으로 사람들과 어울리는 짜릿한 기쁨을 맛봅니다.

빅토르 위고Victor-Marie Hugo의
『파리의 노트르담』 초반 장면을 볼 때마다
누구나 내면에는 사람을 그리워하는 마음이
자리한다는 인상을 받곤 합니다.

알코올이나 도박 중독으로 저를 찾는 분들도 대부분 자신의 이야기를 들어주고 따뜻하게 위로해줄 사람이 그립다고 말합니다. 평소 일하며 평범하게 잘 지내다가도 갑자기 외롭고 우울해지면 술과 도박이 생각난다는 거지요. 그래서 쉽게 포기하기 힘들다고 말입니다.

그래서 이 그림은 많은 사람에게 사랑받을 수밖에 없는 것 같습니다. 사람의 정을 그리워하는 이들의 마음을 치유해온 〈물랭 드 라 갈레트의 무도회〉는 19세기 그림 중 가장 아름다운 작품으로 언급됩니다.

사람들과 함께 어울리는 시간이
이렇게 기분 좋게 표현된 그림이 있을까요.

오귀스트 르누아르 | 1876 | 캔버스에 유채 | 131×175cm | 오르세 미술관

나무 사이로 빛이 비치는 가운데 많은 이가 떠들썩하게 무도회를 즐기는 흥겨움이 생생하게 전해집니다. 와글거리는데도 정신없지는 않습니다. 알록달록한 옷이나 구체적인 형체를 배제하고, 행복한 인물의 표정을 강조했기 때문이죠.

다소 내성적이고 사회생활이 힘들어서 고민인 경우는 물론, 어릴 때 친구나 가족과 함께 복닥거리고 살았지만 어른이 되면서 주변에 사람이 줄어든 사람도 이 그림에 마음을 놓곤 합니다. 그렇게 만드는 이 그림의 힘은 무엇일까요.

미술창작과 감상에 관한 한 논문에 의하면, 예술가가 지닌 자아의 '리비도libido'는 자기 작품 속의 등장인물과 예술가 자신을 동일화시킵니다. '리비도'란 인간의 모든 행동 속에 숨어 있는 근원적 욕망을 뜻하는데, 그 리비도로 인해 자기 작품에서 사랑의 대상을 선택하고 발견하는 일을 즐긴다는 겁니다.

‘물랭 드 라 갈레트’는 프랑스 몽마르트Montmartre의 야외 무도장으로, 당시 이곳은 상당히 인기가 좋아 지위 고하를 막론하고 많은 사람이 모여들었다고 합니다. 화가 르누아르는 자신이 사랑하는 대상으로 이 무도장을 선택하고, 인물과 상황에 자신을 이입하면서 즐거움을 느꼈습니다. 이는 창작가와 등장인물 간에 이루어지는 ‘전이’라고 할 수 있습니다.

중요한 것은 등장인물을 바라보는 감상자와
작품 사이에서도 전이가 이루어진다는 점입니다.

‘리비도의 추구와 전이’라는 무의식적인 기능으로 화가가 작품 속에 빠져들었듯, 우리도 무도회에서 행복해하는 사람들과 합체되어 공감대를 이룹니다. 이것이 사람과 함께하고 싶어 하는 우리의 본능을 충족시켜주는 이 그림의 비밀이라고 하겠습니다.

고통은 지나가고, 아름다움은 남는다.

– 오귀스트 르누아르

자신도 모르게 느끼는 일상의 관계들

디에고 벨라스케스 Diego Rodríguez de Silva y Velázquez
시녀들 The Maids of Honor

'숨은 그림 찾기' 같은 그림입니다. 보는 사람이 열 명이면 열 개의 시각이 모두 다르니까요. 떠받들리는 어린 공주의 모습을 부러워하는 이도 있고, 그림 속 모호한 장치의 수수께끼를 풀려는 사람도 있을 것입니다(그림 뒤쪽 거울에 비친 국왕 부부는 도대체 어디에 서 있는 것일까요?).

과학 월간지 「과학동아」에서는 화가와 캔버스 사이가 도저히 붓끝이 닿지 않는 거리라고 분석하기도 했고, 어떤 이는 프로이트Sigmund Freud의 심리학을 적용하기도 했습니다. 소설 『죽은 왕녀를 위한 파반느』는 그림 오른쪽에 소외되었던 두 난쟁이에 주목해 못생긴 여인의 순수한 사랑 이야기를 그렸고요.

이렇게 사람들은 눈앞에 펼쳐진
상황을 자기중심적으로 해석합니다.

서울대학교 심리학과 최인철 교수에 따르면 어떤 프레임frame으로 사진을 찍느냐에 따라 풍경의 느낌이 다르듯, 사람은 자기만의 프레임을 기준으로 사물이나 상황을 인지합니다. 그렇게 함으로써 나의 경험, 관심사, 상황 등이 축적된 철학의 틀 '스키마schema'의 변화 없이 세상을 효율적으로 볼 수 있기 때문입니다.

디에고 벨라스케스 | 1656 | 캔버스에 유채 | 316×276cm | 프라도 미술관

혹시 이 그림을 보고 어린아이의 허리를 꽉 조인 드레스가 먼저 눈에 들어오는 분이 있을지 모르겠습니다. 그렇다면 그 사람은 지금 일상의 틀이 스트레스로 다가오고 있다는 뜻입니다.

나의 경험과 관심사, 느낌들이
그림을 해석하는 프레임을 만들기 때문입니다.

이 자연스러워 보이는 궁중생활의 한순간에 얼마나 많은 규칙과 틀이 작용하고 있을까요. 아침에 일어나 옷을 입고, 허리를 동여매고, 치장하고, 누군가를 떠받들거나 누군가에게 떠받들리는 모든 것이 하나의 틀입니다. 각종 위계구조와 관습, 예의범절이 작용하고 있지요. 이 그림을 마냥 예쁘다고 느끼는 사람도 있지만 만일 답답하게 느낀다면 내가 살고 있는 집, 일하는 직장, 또 일상의 관계들과 얽힌 틀을 갑갑해하고 있을 가능성이 큽니다.

내가 당연히 여기는 일상이
나에 대한 지나친 혹사는 아니었는지 돌아보세요.
이 그림에 반응했다면
내가 왜 스트레스를 받는지 알아가고 마주보며
그 자체로 치유를 시작할 수 있습니다.

사람에게 실망할 때

클로드 모네 Oscar-Claude Monet
임종을 맞은 카미유 Camille on Her Deathbed

"76년째, 우리는 연애 중입니다."
영화 〈님아, 그 강을 건너지 마오〉의 첫 대사는 이렇게 시작합니다. 열넷, 열아홉에 만나 평생 해로한 89세 강계열 할머니와 98세 조병만 할아버지의 순애보를 담은 이 다큐멘터리 영화는 각종 할리우드 블록버스터를 세치고 국내 박스오피스 1위를 기록했습니다.

열네 살 신부가 혹여 다칠까봐 3년을 머리만 쓰다듬었다는 할아버지는 그로부터 76년 뒤, 생이 얼마 남지 않은 것을 느끼며 옆에서 잠든 할머니의 얼굴을 쓰다듬습니다. 할머니는 그런 할아버지를 떠나보내고 무덤 앞에서 하염없이 눈물을 흘립니다. 홀로 남은 자신의 슬픔을 돌보기보다 상대방을 더 불쌍히 여기면서요.

우리는 돈에 대한 이해관계나 인간적 배신에
참 많이 부대끼고 스트레스를 받습니다.
사람에게 염증을 느낀다고 하죠.
하지만 이런 숭고한 사랑 이야기를 접할 때면,
또다시 사람을 믿어보려는 마음이 고개를 듭니다.

클로드 모네 | 1879 | 캔버스에 유채 | 90×68cm | 오르세 미술관

Claude Monet

이 그림의 이야기도 한번 들어보세요.

우리가 잘 아는 화가 모네가 자신의 아내를 그린 그림입니다. 거의 죽기 직전의 모습을 그렸죠. 얼핏 잔인하게 느껴지기도 합니다. 아내가 죽어가는 와중에 그림을 그리다니요.

여기엔 절절한 사연이 있습니다. 젊은 시절 모네는 가난해 모델료를 지불할 여건이 되지 않았습니다. 아내는 남편을 뒷바라지하면서 기꺼이 모델이 되어주었죠. 화려하게 꽃피는 한창 시절에도, 아기와 함께하는 순간에도, 폐결핵에 걸려 심한 고통을 겪을 때는 물론 마지막 죽음의 순간까지도 말입니다.

그림을 보면 거적때기를 쓴 채
죽어가는 아내에 대한 처절한 슬픔이 묻어납니다.
모네는 슬픔을 억눌러가면서
이제 자기 곁을 영원히 떠나려 하는 사람의
마지막 순간을 재현하고자 했습니다.

살다 보면 여러 가지로 사람에게 실망할 때가 많지요. 때론 그림 한 장이 사람에 대한 인식을 새롭게 하는 계기가 됩니다. 이 그림의 힘도 바로 그것입니다.

질투로 인한
영혼의 괴로움

전기
매화초옥도

영국 시인 존 드라이든John Dryden은 '질투는 영혼의 심술'이라고 했습니다. 그 사람을 좋아하지 않는 것도 아닌데, 잘됐다는 소식에 기분이 마냥 좋지만은 않을 때면 당황스럽지요. 이 질투심이 강렬해지면 그 불꽃으로 상대방뿐 아니라 자신까지 불타는 고통을 느끼게 됩니다.

이 그림은 질투로 인한
영혼의 괴로움을 내려놓게 해줍니다.

전기 | 19세기 중엽 | 종이에 엷은 채색 | 32.4×36.1cm | 국립중앙박물관

눈이 수북이 쌓인 산골입니다.
그림 속 눈이 우리에게 편안하고 포근한 심상을 줍니다. 한편으로 서옥書屋, 즉 글 읽는 방에 있는 사람이 매우 고립됐다는 것을 알 수 있습니다. 그런데 이 깊은 산골에 한 손님이 찾아옵니다. 쉽게 오는 것도 아니고, 한참 고된 길을 오직 이 사람을 만나려고 몸소 걸어오고 있습니다.

이른 매화가 핀 걸로 봐서 아직 찬 기운 가득한 겨울인데도 서옥의 창문을 남김없이 열어놓았습니다. 곧 만날 그 사람이 너무 그리워서입니다. 한시라도 빨리 내다보고 싶어서입니다. 깊은 산속까지 찾아온 손님이 어찌나 반가웠는지, 그 마음이 손님의 옷을 발갛게 물들였습니다. 눈이 채 녹기도 전에 꽃부터 틔워 봄을 맞이하려는 매화나무의 조바심도 두 사람의 그리운 마음에 상응하는 듯합니다.

이렇게 사람 자체가 귀한 상황을 볼 때
지금 옆에 있는 사람의 소중함을 다시
돌아보게 됩니다.

무채색이 지배적인 차분한 색조가 마음을 가라앉히고, 명도와 채도가 높은 빨강은 포인트로 들어가 있는 것만으로 충분히 따스한 온도를 전해줍니다.

미워하는 사람이 있을 때

에드바르트 뭉크 Edvard Munch
태양 The Sun

최근 몇 년간 우리 사회에 '분노 조절'이 큰 화두가 되고 있습니다. 순간적으로 욱하는 심정이 폭언이나 폭행, 심지어 살인으로 이어지는 경우가 많아서입니다. 뉴스에 등장하는 사회적 사건이 아니더라도, 직장이나 가정에서 상대방에 대한 분노를 참지 못해 물의를 일으키는 예 역시 비일비재합니다.

미움과 분노는 상대방에게
해를 입히는 것도 문제지만
결국 자신을 파괴시키는 일입니다.

누군가를 미워할 때 복수심에 불타오르기보다 그냥 마음이 힘든 게 더 크지 않던가요? 미워하는 일도 에너지 소모라서 그렇습니다. 내게 불쾌감을 준 이미지를 몰아내려고 몸은 포도당 일부를 아드레날린(위협적인 자극에 맞서도록 신체를 준비시키는 호르몬) 생산에 씁니다.

그 전까지는 엔도르핀(즐겁게 웃을 때 나오는 호르몬)을 생산하는 데 썼던 포도당이 줄어드니, 당연히 그만큼 불행해지죠. 그리고 그렇게 생산된 아드레날린을 소모하려고 소리를 지릅니다. 자기도 모르게 벌컥 화내고 이내 머리를 감싸는 것은 그래서입니다.
나는 화냄으로써 아드레날린을 발산하고 불쾌감을 해소했지만, 상대방은 나에 대해 부정적인 이미지를 키우게 되지요. 미움의 악순환입니다.

이 그림은 미워하는 사람이 있을 때
보기를 권합니다.
내면의 화를 조절하고
미움의 악순환을 멈추는 데 보탬이 될 것입니다.

뭉크의 작품 중에서 편안한 색상이 가장 많이 쓰인 그림입니다. 화면 전체로 뻗은 햇살은 사방으로 뻗어나가는 방사放射 형태로 표현되어 있습니다. 마치 태양이 내가 있는 곳까지 빛을 비춰줄 것 같은 온화한 느낌을 줍니다. 구상적으로 여러 색상을 넣은 점도 도움이 됩니다. 내 미움까지 담아낼 수 있는 붉은색이 들어가 있고, 이를 다독이는 파스텔톤의 파랑, 초록, 분홍, 노랑 등 갖가지 편안한 색이 오묘하게 조화를 이루고 있습니다.

에드바르트 뭉크 | 1911~16 | 캔버스에 유채 | 455×780cm | 오슬로 대학

업무현장에서
다 함께 보면 좋은 그림

크리스티안 롤프스 Christian Rohlfs
블루 마운틴 The Blue Mountain

애니메이션 사상 최초로 천만 관객을 돌파한 〈겨울왕국〉을 기억하실 겁니다. 특히 영화 주제곡 〈렛 잇 고Let It Go〉가 어찌나 많이 사랑받았던지, 이런 일화도 있다고 하네요. "이 노래 저희 가족 다 너무 좋아해요!"라는 관객들에게 감독은 늘 고맙다고 말했는데, 1년 뒤에는 "아직도 애가 이 노래만 불러요"라는 불평에 연신 미안하다고 말할 수밖에 없었다고요.

영화에서 〈렛 잇 고〉가 흐르는 장면을 보면, 주인공 엘사가 마법으로 환상적인 얼음 성을 만들어냅니다. 이 장면은 아이뿐 아니라 성인에게도 정서적인 도움을 줍니다. 설경 위의 얼음이 만들어내는 반짝임과 날카로움, 살을 에는 듯한 차가움 등 평소 느끼기 어려운 감각들을 다양하게 일깨우기 때문입니다.

사람은 만지는 것으로 촉각을 느끼지만 눈으로 보는 걸 통해서도 촉각적 자극을 받습니다. 우리가 받아들이는 정보의 4분의 3 정도가 시각에 의해 관장되기 때문입니다. 그래서 저는 감각이 무뎌진 사람을 치료할 때 다양한 질감의 물건을 만지게 하기도 하지만, 울퉁불퉁한 요철이나 날카로운 피뢰침 또는 여러 소재의 천이 잘 표현된 그림을 보여주기도 합니다. 눈을 통해 자극을 얻도록 하기 위해서입니다.

이 그림은 〈겨울왕국〉만큼이나
피부로 와 닿는 감각적 자극을 통해
사람들의 단합된 에너지를 일깨웁니다.

크리스티안 롤프스 | 1912 | 캔버스에 유채 | 80×60cm | 쿤스트 팔라스트 미술관

시원한 파란색과 흰색이 착착 이어지고 결합되는 빠른 움직임이 느껴집니다. 특히 이런 코발트 계열의 파랑은 사람에게 부담스럽지 않은, 적당한 정도의 경각심을 줍니다. 상승감을 주는 사선과 세로 방향의 구도도 긴장감을 더하고요.

전략적으로 잘 선택된 미술작품을 함께 감상하며 느끼는 정서는 행동을 변화시키는 효과를 낳기도 합니다. 그런 면에서 이 그림은 업무현장 등 여러 사람이 함께 힘을 합쳐 무언가를 이루고자 하는 곳에 걸어두고 보면 좋을 듯합니다.

감각을 일깨우고 몸의 긴장감을 높이는 데다
각자 한데 연결되어 움직이게 하기 때문입니다.

사랑의 설렘을 느끼고 싶다면

로렌스 알마 타데마 Lawrence Alma-Tadema
더 묻지 마세요 Ask Me No More

나이와 성별을 불문하고 많은 이가 좋아하는 그림입니다.

감각적으로는 청량감을,
정서적으로는 사랑의 설렘을
일깨워주기 때문입니다.

로렌스 알마 타데마 | 1906 | 캔버스에 유채 | 80.1×115.7cm | 개인소장

배경이 되는 바다와 흰 대리석은 말할 것도 없고, 두 사람의 복장을 보세요.
남성의 신발이 특이하죠? 섬세하게 직조된 데다 색깔도 연하늘색이라 살이 비쳐 시원해 보이는 푸른 옷과 잘 어울립니다. 둘이 연인임을 알 수 있는 것이, 남성이 입은 옷과 여성이 입은 드레스가 파란색과 민트색으로 같은 계열을 이루고 있습니다. 꽃다발 리본 색까지 맞춰 고른 남성의 센스도 돋보입니다.

그런데 가만히 보면 둘이 아주 가까운 것 같지는 않지요? 고백한 지 얼마 안 된 연애 초기의 설렘이 느껴집니다. 몸을 맞댄 것도 아니고, 서로 얼굴도 못 보고 있지요. 겨우 손등에 입 맞추는 것으로 마음을 전하는데, 그래서 더 사랑스럽습니다.
지금이야 연인 사이의 스킨십이 다양하고 적극적이지만, 한 세기 전 서양에서는 짧은 손등 키스가 서로 미묘한 감정을 품고 있는 남녀 사이의 가장 짜릿한 스킨십이었습니다.

이 그림을 좋아하게 되는 심리는 결혼식장에서 막 결혼한 부부를 보며 함께 들뜨고 기뻐하는 기분과 비슷하다고 할 수 있습니다. 아직 연인이 없는 사람에게도 '나도 이런 프러포즈를 받고 싶다' '앞으로 이런 남성(혹은 여성)을 만나고 싶다'라는 행복한 기대를 하게 하죠. 결혼하고 나이 든 분들은 젊은 한 쌍을 보며 '정말 잘 어울린다' '참 예쁜 커플이다'라는 흐뭇한 기분을 느낄 것입니다.

지금 연애 중인 사람이라면 이 예쁜 커플을 보며 부럽거나 살짝 질투가 날지도 모릅니다. '뭐야, 우리는 이렇지 않은데' 하며 말이죠. 그것이 꼭 나쁜 스트레스로 작용하지는 않지만, 연인과 함께 이 그림을 보며 이야기를 나눠보면 어떨까요?

함께 명화를 감상하고 느낌을 주고받는 것만으로
두 사람의 정서적 연대가 한층 끈끈해지기 때문입니다.

휴식이 되어줄 수 있는 관계

마커스 스톤 Marcus Stone
훔친 키스 A Stolen Kiss

지친 듯 피곤한 듯 달려온 그대는 거울에 비추어진 내 모습 같았소.
바람 부는 비탈에서 마주친 그대는 평온한 휴식을 줄 것만 같았지.
—〈그대〉, 이연실·김영균 노래 | 유수태 작곡

노래 속 여성은 나름의 우여곡절을 겪으면서 열심히 일하고 살았습니다. 딱히 죽고 싶단 생각이 드는 것은 아니지만 그래도 가끔은 인생에 너무 지칠 때가 있습니다.
다가온 남성은 그걸 모두 받아줄 수 있는 사람입니다. '너의 지친 모습이 예전의 나의 모습과 같구나. 너의 모습을 충분히 이해해. 나도 힘들었지만 이제 그 시기를 지났으니, 너를 인정하고 받아들일 수 있어.'

마커스 스톤 | 1894 | 캔버스에 유채 | 152×66cm | 개인소장

남녀관계에서 참 중요한 부분입니다.

둘 다 똑같이 달려도 안 되고, 똑같이 피곤해도 안 되지요. 서로 같은 문제나 동일한 시기에 힘들어하면 아무리 좋은 사람이어도 짜증이 날 수밖에 없습니다. 자기도 힘든데 상대까지 지켜보자니 그 힘듦이 배가되는 것 같으니까요.

그런 점에서 이 그림은 휴식이 되어줄 수 있는 관계를 보여줍니다.

왼쪽 석상을 통해 신이 이들을 보고 있다는 종교적 관점도 생각해볼 수 있습니다. 하지만 여성이 의자라는 휴식공간에 지쳐 잠든 순간에, 신이 아닌 인간이 다가와 잠을 방해하지 않고 숨소리를 듣는다는 행위 자체가 참 예쁩니다.

눈앞의 현상이 아니라 이면의 지친 모습을 보는 사람.

이 피곤한 인생을 깨우지 않고 지켜봐주는 한 사람.

그런 사랑 덕분에, 여성은 지금 당장 피곤해도 인생의 큰 측면에서 무르익은 가을을 누리고 있습니다. 레이스가 달린 예쁜 옷을 입고, 햇살이 내려앉은 쉼터에서요.

순간순간 스트레스를 주는 상대가 있는 사람들

폴 세뤼지에 Louis-Paul-Henri Sérusier
브르타뉴의 싸움 Breton Wrestling

정신분석학자 프로이트는 무의식의 소망충족을 목적으로 하는 심리적 행위가 꿈이라고 보았습니다. 꿈은 있었던 사실의 부활이 아니라, 사건을 재료로 자기 소망을 반영한 것입니다.

상담을 받으러 온 사람 중에, 자신은 매일 남편한테 구박받는데 꿈에서는 자신이 남편을 마구 때리고 있더라는 분이 있었습니다. 현실에서 상대가 밉다고 치고 때릴 수는 없는 노릇입니다. 이럴 때 우리는 '초자아'라는 도덕과 타협해 꿈이라는 가상현실에서 욕망을 실현시킵니다.

폴 세뤼지에 | 1890~91 | 캔버스에 유채 | 91×72cm | 오르세 미술관

근본적으로 미운 건 아닌데
순간순간 스트레스를 주는 상대가 있는 사람이
이 그림을 고릅니다.
자신의 무의식을 대변해주는 데서
대리만족을 얻기 때문입니다.

현실에서는 아버지나 형, 누나, 직장 상사 등이 가끔 내게 얄미운 소리를 해도 나이나 지위가 위여서 함부로 대들기 어렵습니다. 그런데 이 그림을 보면 언젠가 대등하게 겨루며 이 상황을 뒤집어봐야지 하는 상상을 하게 됩니다.

꼭 투쟁적인 지세로 이기겠다고 다짐하는 것이 아니라,
이런 간단한 몸싸움을 통해
내 마음을 이해받는 듯한 느낌을 받는 것입니다.

동시에 초록이 주는 평안함이 스트레스를 해소해주기도 합니다. 색채에 대한 한 논문에 의하면 사람은 지력이나 상상력을 그리 많이 들이지 않고도, 녹색으로부터 '평화로움'이라는 공통된 정서적 반응을 얻는다고 합니다. 녹색은 초원을 연상시킬 뿐 아니라, 다양한 사회적 규범에서 안전신호의 약속으로 작동하고 있기 때문이죠.

Money

행복 하면 '핑크'를 빼놓을 수 없습니다

장 오노레 프라고나르 Jean-Honoré Fragonard
그네 The Swing

어떤가요.

보는 것만으로 아무 근심 걱정 없이 풍족하고 자유로운 느낌이 들지요? 레이스와 리본이 달린 드레스에 개인정원, 사랑하는 이와 시종까지, 부유한 사람이 가질 수 있는 모든 것을 갖췄으면서, 또 거기에 매이지 않는 자유로운 느낌을 줍니다. 그네를 통해서 마음껏 움직일 수 있으니까요.

풀숲의 어두운 배경과 대비되어 분홍색이 더없이 돋보입니다. 돈 문제로 골치를 앓는 사람도 이 그림을 보면 기분이 좋아진다고 합니다. 거기엔 바로 이 '핑크'가 큰 역할을 합니다.

'행복'을 논할 때
'핑크'를 빼놓을 수 없습니다.

분홍색은 선천적으로 마음을 편안하게 하고 긴장을 누그러뜨리는 색이기 때문이죠. 미국의 어느 감옥에서 죄수들 간에 폭력 다툼이 하도 많아 궁여지책으로 수용실 색깔을 분홍색으로 바꿔봤더니 훨씬 잠잠해졌다고 합니다.

이것을 하나의 반응으로 본 학자들이 실험을 했습니다. 사람들에게 파란 벽을 보고 아령을 들게 했더니 평소보다 아령을 굉장히 빨리 드는 결과가 나왔습니다. 이들을 충분히 쉬게 한 뒤 다시 분홍색을 칠한 벽을 보고 아령을 들게 했지요. 결과는?
아령 드는 횟수가 급격하게 줄어들었습니다. 측정해보니 몇 초 만에 근육강도가 약해졌다고 합니다.

장 오노레 프라고나르 | 1767 | 캔버스에 유채 | 81×64.2cm | 월리스 컬렉션

돈 버는 일이 행복하려면

히에로니무스 보슈 Hieronymus Bosch
죽음과 구두쇠 Death and the Miser

혹시 세계에서 제일 유명한 구두쇠를 기억하나요?
찰스 디킨스Charles Dickens의 소설 『크리스마스 캐럴』의 주인공 스크루지 말입니다. 그는 유령을 따라 자신의 과거, 현재, 미래를 목격합니다. 온 세상이 즐기는 크리스마스에서 철저히 소외된 한 사람, 죽은 뒤엔 돈을 털려는 좀도둑만 들끓을 뿐 눈물 흘려줄 이 하나 찾아오지 않는 사람. 스크루지는 그 사람이 바로 자신인 것을 알고서야 깨달음을 얻습니다.

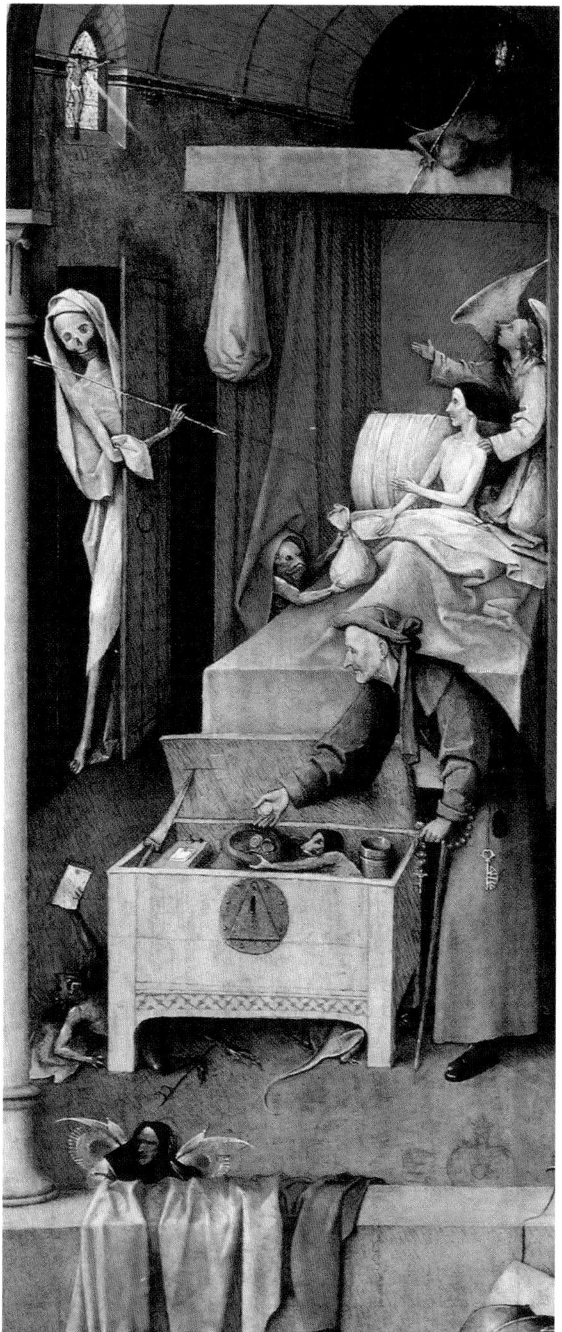

히에로니무스 보슈 | 1485~90 | 패널에 유채 | 93×31cm | 워싱턴 국립미술관

이 그림은 돈에 너무 집착하고 시달리는 우리를
어느 구두쇠의 미래로 데려가는 유령의 역할을 하며,
돈이 전부가 아니라는 평범한 진리를 일깨워줍니다.

이는 항아리에 그득한 금화와 대비되는, 전체적으로 생명력이 없는 분위기 때문입니다. 구두쇠든 해골이든 악마든 모든 대상이 비쩍 말랐습니다. 손에 들고 있는 가느다란 실 막대도 앙상함을 더합니다. 구두쇠는 천사가 가리키는 빛 대신 악마가 내민 돈 자루에 손을 뻗고 있는데, 그 돈 자루의 묵직함까지 생명력이 처지는 느낌에 일조합니다.

돈이 곧 행복을 보장하는 것은 아니며,
돈과 함께 행복하려면 어떻게 해야 하는가를
한 번쯤 생각해보게 하는 그림이라 하겠습니다.

나도 부자가 되어 사람들에게 나눠주고 싶다

그랜마 모지스 Grandma Mosese
퀼팅 비 The Quilting Bee

앞의 그림과는 상반되게 행복감으로 가득 찬 그림을 소개합니다. 돈을 넉넉하게 풀어 굉장히 넓은 집에서 다양한 사람에게 충분한 음식을 대접하는 여유로운 광경입니다. 돈에 좌절감이나 힘든 감정을 느끼고 있을 때 이 그림은 달콤한 대리만족을 줄 것입니다.

우리는 너무 당연하게 돈이 있으면 좋다고 생각합니다.
그런데 돈이 좋은 이유는 무엇일까요?

그랜마 모지스 | 1940~50 | 목판에 유채 | 50.8×61cm | 개인소장

명품도 살 수 있고 여행도 갈 수 있고 사회적으로 과시도 되는 등 여러 이유가 있겠지만, 저는 시간을 살 수 있다는 점이 크다고 이야기합니다. 돈이 없으면 돈을 벌기 위해 자기 시간을 쓰지만, 돈이 있으면 그 돈으로 자기 시간을 활용할 수 있거든요.

행복에 있어 시간을 어떻게 쓰느냐는 매우 중요한 문제입니다. 돈과 행복의 관계를 조사한 「월스트리트저널Wall Street Journal」에 따르면 물건을 구매하기(소유)보다 무언가를 하는 편(경험)이 훨씬 더 큰 만족감을 주고, 수입과 상관없이 타인을 위해 돈을 쓸 때 더 큰 행복을 느낀다고 합니다. 제가 상담하면서도 느끼는 점인데, 우리나라 사람들은 돈이 생기면 부모님을 편안하게 모셔야겠다는 등 주로 사람의 대접에 관해 희망합니다.

이 그림이 행복감을 주는 이유는
값비싼 집기나 의복 등 물건의 소유보다는
사랑하는 지인들과 자기 시간을 함께 즐긴다는
희망이 충족되어 있기 때문입니다.

그림을 보면 뒤쪽에 '퀼팅 비' 모임이 보입니다. 퀼팅 비란 서양에서 마을 여성들이 모두 함께 누비이불을 만들던 모임을 말합니다. 그런데 그림 안에는 퀼팅 비 모임 회원 말고도 참 다양한 사람이 모여 있습니다. 할머니와 신사, 농사일을 하는 젊은 부부, 어린이와 식탁 밑 강아지까지 단 한 사람도 같은 포즈가 없고 각자 뭔가를 한다는 점에서 활력과 생기가 느껴집니다.

그렇다고 그림이 복잡하고 정신없어 보이지는 않지요?

사람들에 대한 표현이 사실적이지 않고 절제된 그래픽처럼 단순화되어 있기 때문입니다. 색도 밝지만 튀지 않습니다. 원색 대신 명도가 높고 채도가 낮은 연보라, 연두 색조를 사용했습니다. 보는 이로 하여금 사람이 많아 복닥복닥한 가운데서도 편안한 감정을 느끼게 해줍니다.

인생은 우리가 만들어가는 것이다.
지금껏 그래왔고, 앞으로도 그럴 것이다.

–그랜마 모지스

세상 모든 것을 다 가진, 최상의 황홀

구스타프 클림트 Gustav Klimt
꽃이 있는 농장 정원 Farm Garden with Flowers

선물의 브랜드 아니면 실용성이 중시되는 요즘은 '꽃 선물'이 돈 낭비라며, 곧 시들어버리는 꽃이 무슨 효용이 있느냐는 슬픈 말이 들려오곤 합니다. 하지만 꽃 선물이 왜 효용이 없나요.

치매환자나 암 환자, 호스피스 병동의 환자 들이 특히 좋아하는 것이 꽃입니다. 아무래도 꽃이 갖고 있는 색상과 향기, 무엇보다 생명력에 매력을 느끼는 것 같습니다. 미술치료를 받으러 온 스트레스 내담자들이 가장 좋아하는 것도 바로 꽃 그림입니다.

이 그림은 꽃이 한 송이만 덩그러니 핀 게 아니라 종류별로 아주 많이 풍성하게 피어 있습니다. 그래서 무언가의 절대적인 부족을 느끼는 이들이 이 그림에 더 황홀감을 느낍니다. 평소 돈에 스트레스가 많은 사람은 "아아, 이게 다 돈이었으면 좋겠네요"라고 말하지요.

다양한 꽃이 가득한 것만으로도 좋지만
이 그림은 특히 채도 대비가 큰 색들을 활용해
우리에게 에너지를 전해줍니다.

채도는 색의 선명한 정도를 말하는데, 주변과 비교될 때 더 확실하게 느껴집니다. 그냥 붉은 참치회만 있는 경우와 참치회가 까만 접시에 올라온 경우를 상상해보세요. 까만 접시에 놓인 모습을 상상할 때 훨씬 강렬하고 먹음직스럽게 다가오지요?

구스타프 클림트 | 1905~06 | 캔버스에 유채 | 110×110cm | 벨베데레 오스트리아 갤러리

이렇듯 시각적인 감각은 단지 보는 것에 그치지 않습니다. 입맛이나 냄새, 듣는 것에 총체적으로 영향을 주며 느낌의 70~80퍼센트를 좌우하지요. 그래서 채도 대비가 클수록 사람의 시신경이 자극되고, 심리적으로 훨씬 많은 에너지를 받게 됩니다.

이 그림에는 자연의 풀밭처럼 편안한 초록 바탕에 채도 대비가 가장 큰 빨간색 꽃들이 피어 있습니다. 여기에 태양 같은 활력을 주는 노란 해바라기, 깨끗하고 밝은 흰 꽃들도 불쑥불쑥 다가와 다양한 시각적 자극을 줍니다.

연인에게 꽃을 선물할 때도 이를 참조할 수 있겠지요.
상대방이 지쳐 있다면 채도 차이를 크게 둔 색들을 조합해
'에너지 꽃다발' 을 선물해보는 것은 어떨까요?

꿈이 시작되는 기쁨에 전염되다

애벗 그레이브스 Abbott Fuller Graves
종잣돈 The Nest Egg

이 그림은 '뱅크오브아메리카Bank of America, BoA'의 컬렉션 작품입니다. 뱅크오브아메리카는 미국 4대 은행 중 하나로, 세계 500대 기업의 80퍼센트와 거래하고 있는 거대 금융회사지요. 그런데 이 그림이 그려진 1910년에는 뱅크오브아메리카도 6년 차 신생 은행이었다는 것을 아시나요? 젊은 부부의 종잣돈처럼 소액을 주로 다루던 동네 은행이 지금은 전 세계 금융을 주무르게 된 것입니다. 처음이란 그것이 아무리 미미하다 하더라도, 언제가 무엇이라도 될 수 있는 무한의 가능성을 품고 있기에 설렘으로 다가옵니다.

애벗 그레이브스 | 1910 | 캔버스에 유채 | 81.2×116.8cm | 뱅크 오브 아메리카 컬렉션

이 그림에는 바로 그런 '처음의 설렘'이 담겼습니다.
이제 시작하는 사회초년생들이나
티끌 같은 돈이 언제쯤 다 모일까 걱정이 많은 사람들에게
저는 이 그림을 보라고 이야기합니다.

젊은 두 사람이 함께 저축해 모은 돈을 찾는 순간입니다. 시선을 통장에서 떼지 못하는 남성은 절로 입꼬리가 올라가 있습니다. 여성도 행복의 분홍색 옷을 입고 있고요. 몸통이 흰색이어서 시선이 집중되는 튼튼하고 큰 개도 함께 통장을 보고 있습니다. 뭔가를 시작하는 가운데 돈이 중요한 매개체가 되어 있지요.

그림은 뒤쪽의 노부부를 대비시켜줍니다. 어두운 옷을 입은 노부부는 거리를 약간 두고 앉아 통장이 아닌 서로를 마주보며 대화하고 있습니다. 이들로 인해 젊은 부부의 새로 시작하는 풋풋함, 달달한 기쁨이 더욱 돋보입니다. 지금 안정과 여유를 누리는 노부부도 시작은 아마 이들과 크게 다르지 않았을 겁니다.

어떤 원대한 목표라 해도 처음이 있습니다.
그 처음을 순수하게 기뻐하는 것도
우리가 누릴 수 있는 행복이 아닐까요.

It is only when we are no longer fearful that we begin to create.

더 이상 두렵지 않을 때
우리는 창조하기 시작한다.

–윌리엄 터너

나 자신에게 주는 휴식

윌리엄 터너 Joseph Mallord William Turner
전함 테메레르 The Fighting Te-meraire tugged to her last berth to be broken up

돈을 벌기 위해서도 여유는 꼭 필요한데, 생계활동을 하다 보면 이 여유조차 사치로 느껴질 때가 있습니다. 그럴 때 이 그림을 보면 잠깐이지만 마음이 고즈넉해지는 느낌을 받을 것입니다.

이 배들을 보세요.
불길을 뿜어대며 열심히 일하는 배도 있지만
그보다 훨씬 덩치 큰 배가 그저 조용히 떠가는 모습이 보입니다.

이만큼 큰 배가 아무 일을 안 하면 대체 하루에 얼마를 손해 보는 거냐고 계산기를 두들기는 사람이 있을는지요. 하지만 배라고 아무 때나 전진할 수는 없습니다.

비바람이 치거나 풍랑이 일 때 멈춰야 하는 것처럼
더 먼 항해를 앞두고 쉬면서 장비를 가다듬는 것처럼
사람에게도 한 번씩 숨 고를 시간이 필요합니다.

사실 이 그림은 트라팔가 해전의 영웅이었던 전함 테메레르호가 해체되기 위해 마지막 정박지로 견인되고 있는 모습입니다. 실제 견인이 이루어진 시간은 아침이었다고 하는데, 화가는 배경을 노을이 지는 석양녘으로 표현했습니다. 이제 쉬러 들어오는 한 시절의 영웅을 포근하게 감싸 안아줄 수 있는 자연물로, 노을은 더할 나위 없었던 것 같습니다.

멈춰 있는 배와 노을이 주는 평온한 정서에 감싸여 오늘 하루 수고한 내 심신에 휴식을 주기 바랍니다.

윌리엄 터너 | 1839 | 캔버스에 유채 | 91×122cm | 내셔널 갤러리

유명 스타를 꿈꾸다

에드가 드가 Edgar Degas
스타 The Star

요즘 스타가 되고 싶어 하는 사람이 참 많지요. 약 200만 명에 달한다는 기획사 연습생이나 연예인 지망생은 물론이고, 어떤 설문조사에서는 일반 성인들까지 돈 많이 버는 연예인들을 보면 자신도 연예인이 되고 싶다고 답했다 합니다. 10년 치 월급을 모아도 가질 수 없는 거금을 광고 하나로 버는 연예인이 밉기도 하지만, 한편으론 선망하는 마음이 들기 때문이죠.

재밌는 것은 그렇게 스타가 되고 싶다고 생각하는 사람들이 봤을 때 가장 치유된다고 고른 그림이 바로 성공한 사람이 등장하는 그림들이라는 겁니다. 이 그림 〈스타〉도 그렇습니다. 스타의 그림을 봤을 때 상대적인 박탈감을 느끼거나 기분이 나쁘리란 건 편견입니다. 오히려 내가 되지 못한 것, 갖지 못한 것을 보면서 일정한 즐거움을 느끼게 되지요.

내가 스포트라이트를 받는 스타가 됐을 때를 상상하는 한편,
스타의 삶이 가져다주는 기쁨의 감정을
공감을 통해서라도 얻으려고 하거든요.

그것이 바로 이 그림의 효과입니다.

에드가 드가 | 1876 | 종이에 파스텔 | 58×42cm | 오르세 미술관

그저 마음 편안해지는 그림

장 프랑수아 밀레 Jean-François Millet
봄 Spring

'서울에서만 30년 넘게 살면서 숨 막히고 답답하다는 생각이 늘 머릿속을 떠나지 않았다. 이제는 향긋한 시골 냄새를 맡으며 한가로운 노후를 보내고 싶다. 아침에는 새소리 들으며 일어나고 낮에는 텃밭에서 싱싱한 채소를 가꿀 생각만 해도 가슴이 설렌다.'

많은 사람이 은퇴 후의 바람으로 한적한 전원생활을 꿉습니다. 한 가족을 책임지는 가장으로 원하든 원치 않든 일생 대부분을 경제활동에 쏟은 중년의 직장인은 특히 더 그렇습니다. 상담할 때 '돈을 벌어서 나중에 무엇을 하고 싶냐'는 질문에 '노후에는 전원주택 하나 짓고 살았으면 좋겠다'라는 희망사항을 밝히는 분을 참 많이 봅니다. 그런 사람들에게 이 그림은 본인이 꿈꿔온 전원의 여유를 간접체험할 수 있는 매개가 됩니다.

장 프랑수아 밀레 | 1868~73 | 캔버스에 유채 | 86×111cm | 오르세 미술관

그림을 잘 보면
무엇 하나 주인공이라고 할 만한 것이 없습니다.
애써 어떤 의미를 찾아내지 않아도
그저 "좋다……" 하며 볼 수 있는 그림입니다.

여기엔 하늘과 땅에 걸친 어두침침한 색조의 테두리가 일정 역할을 하고 있습니다. 밝은색이었다면 너무도 화려해서 그림을 바라보는 우리의 시각을 강하게 자극했을 텐데 말이지요.
〈봄〉이라는 제목과는 일견 어울리지 않는 듯한 어두운 처리 덕분에 그림은 '별 기대 없음'에서 오는 평안함을 제공합니다.
영화 볼 때를 생각해보세요. 기대감에 눈을 부릅뜨고 보다 보면 장면 하나하나에 집중하게 되고, 그 때문에 피로감이 커지거나 실망하게 되지 않나요?

반면 이 그림은
예민한 의식과 긴장을 내려놓도록 유도합니다.
마치 답답한 단추를 전부 끌러놓은 것처럼
무장해제시키는 것이죠.
꿈에서 본 듯 몽환에 잠긴 편안함을
제공하는 이유는 그 때문입니다.

돈보다 중요한 그 무엇

프랑수아 제라르 François Pascal Simon, Baron Gérard
큐피드와 프시케 Cupid and Psyche

심리학에서는 인생에 크게 네 차례의 반항기이자 위기가 있다고 말합니다. 이 시기에는 사랑이 절대적으로 필요합니다.

1기(세 살 무렵), 2기(일곱 살 무렵), 3기(사춘기 무렵), 4기(중년기 무렵)가 그것인데, 앞의 1~3기는 부모에게 포옹을 받아야 하지만 4기는 배우자로부터 포옹을 받아야 합니다. 그렇지 못하면 아무리 물질적으로 풍족하더라도 마음에 결핍이 생기고 우울감이 찾아올 수 있습니다.

성공한 CEO 아내들의 얘기를 들어보면, 화려한 외양과 달리 내면에 공통된 헛헛함을 느끼고 있는 경우가 꽤 많습니다.

돈은 있는데 그 돈을 쓸 상대가 없더라는 것이죠. 상대가 너무 바빠 부부 사이에 애착이 부족하고, 때로는 가정에 대한 책임조차 등한시하는 남편의 행태에 이들은 상처받습니다.

그런 여성들의 사랑을 독차지하는 그림이
바로 이 그림입니다.

이 그림은 사랑 중에서도 '첫'사랑을 다루고 있습니다.
우리가 첫사랑을 시작할 때 어떻던가요. 덧니도 예뻐 보이고, 좀 건방져도 그게 또 멋져 보이고, 다른 사람이었으면 못 미더울 점도 하나하나 예쁜 것투성이지요. 처음이 주는 그 설렘 때문에 주변의 부족함들이 보이지 않는 것입니다. 나이가 어려 보이는 이 인물들에겐 각자 서투름이 있을 수밖에 없으나,

그런 것도 상관없이 모든 치장을 걷어내고
서로 본연의 모습으로 다가가려 하죠.
감정적으로 위로와 사랑을 갈구하는 시기에 있는 이들에게
사랑의 초심을 돌려주는 그림입니다.

프랑수아 제라르 | 1798 | 캔버스에 유채 | 186×132cm | 루브르 박물관

힘든 일도 힘들게 느껴지지 않는 비밀

빈센트 반 고흐 Vincent van Gogh
수확하는 농부 Wheat field with a Reaper

고흐의 이 그림은 내리쬐는 태양 아래 황금빛으로 굽이치는 곡물의 표현으로 유명합니다. 자연색인 곡물의 노랑은 편안함과 희망을 전해주지요. 하지만 이 그림이 벅차게 다가오는 데에는 그보다 근본적인 이유가 있습니다.

빈센트 반 고흐 | 1889 | 캔버스에 유채 | 73.2×92.7cm | 반 고흐 미술관

바로 이 가을에 거둬들일 수확물이 있다는
광경 자체가 기쁨을 주기 때문입니다.

내가 일한 것만큼 보상이 주어지지 않는다고 느낄 때 우리는 스트레스를 받습니다. 현대사회에서 일한 것에 대한 보상은 주로 물질, 즉 보수로 나타납니다. 미국 심리학자인 프레드릭 허츠버그Frederick Herzeberg의 '2요인 이론two-factor theory'에 따르면 보수는 동기부여를 좌우하는 두 가지 요인 중 '불만족 요인'에 해당합니다. 돈을 많이 받는다고 해서 바로 만족으로 이어지진 않지만, 보수가 충족되지 않으면 매우 큰 불만족을 유발하기 때문입니다.

불만족 요인은 자아실현 이전에 생존이나 인정과 관련된 인간의 원초적인 욕구에서 비롯된다고 할 수 있습니다. 그래서 굳이 돈을 억만장자처럼 많이 벌겠다는 욕심이 없는 사람도 보수에 따른 스트레스를 받는 겁니다.

돈은 노력에 대한 인정이자
내가 추구하고자 하는 목표의 성취 정도에 의해서
보이는 결과물입니다.

일은 많아 허구한 날 야근하는데 그에 비해 보수는 쥐꼬리만 하다는 불만을 여기저기서 많이 듣지요. 그래서 더욱, 이렇게 씨를 뿌린 것에 대해 거둘 것이 가득 기다리고 있는 상황에 치유감을 느낍니다. 수확물을 전부 거둬들이려면 한참 멀어 보이긴 하지만, 노동의 고단함조차도 농부에겐, 그리고 우리에겐 보상의 꿀 같은 달콤함으로 잊히겠지요.

Grote dingen gebeuren niet alleen door een impuls, maar als een opeenvolging van kleine dingen die met elkaar verbonden zijn.

큰 사건은 한 번의 충동으로만 일어나는 것이 아니라
일련의 작은 일로도 일어난다.

—빈센트 반 고흐

그림으로 파악해보는 나의 현실

에드바르트 뭉크 Edvard Munch
생의 춤 The Dance of Life

그림을 보면 세 명의 여인이 눈에 띕니다.
흰 옷을 입은 여성, 붉은 옷을 입은 여성, 어두운 보라색 옷을 입은 여성.

나는 셋 중 누구에 가장 가까운 것 같나요?

저는 스트레스가 있다며 찾아온 중년 여성에게 이 그림을 보여주며 치료를 시작했습니다.

에드바르트 뭉크 | 1899~1900 | 캔버스에 유채 | 125×191cm | 뭉크 미술관

"가장 오른쪽에 혼자 서 있는 여성이요. 난 이렇게 살고 있는 것 같아요."
"이 여성은 지금 어떤 것 같나요?"
"파티에 참석하긴 했지만 그다지 활기는 없어요."
"왜 그럴까요?"
"경제적 여유가 없거든요. 딱 먹고살 수 있을 정도로만 활동하는 수준이에요. 돈이 좀 있으면 우아하고 고상하게 살지 않았을까 싶고요."
"돈이 생기면 뭘 할 것 같아요?"
"여행 가고 싶어요. 나만의 시간이 있는 곳으로요. 아이들도 다 키웠고……. 이왕이면 이 여성들처럼 살고 싶기도 해요. 파티복도 입어보고요."

스트레스를 갖고 있는 사람이
자신의 스트레스를 정확히 인식하는 경우는 드뭅니다.

예를 들어 일 때문이라고 해도 정확히 어떤 일이 원인인지 모르는 경우가 대부분입니다. 단순히 업무량만이 아니라 그와 관련된 사람이나 보수까지 여러 요인이 같이 있을 수도 있거든요.
마음을 짓누르는 스트레스에 대해 "이런 문제 때문입니다"라고 바로 말할 수 없는 이유도 바로 여기에 있습니다. 이때 우리는 나의 무의식을 끌어내는 매개체로 그림의 도움을 받을 수 있습니다.

뭉크의 그림에는 세 부류의 여성이 등장합니다.
이들 여성이 각각 달라 보이게 하는 밑바탕에는 돈이 있습니다.

때 타지 않은 고결한 흰색 옷은 사람을 우아하고 고상하게 보이도록 만듭니다. 화려한 빨간 옷은 사교적인 느낌을 주는 한편 일상적인 쾌락을 즐기는 데 어울립니다. 가장 오른쪽 여성을 볼까요. 형편에 여유가 없어서인지 파티복을 준비할 수 없었나보네요. 어두운 옷차림 때문인지 파티장 안에서 소외되어 보입니다. 돈은 이처럼 사람이 처한 상황 자체를 다르게 보이도록 만듭니다. 심지어 이들의 표정까지도 상반되지요.

이 그림 속에서 내가 어떤 이에게 왜 동질감을 느끼는지 그림 속 이야기를 내 이야기와 접목해 생각해보면 내면의 문제를 깨달을 수 있습니다. 저와 상담한 분도 "남편도 그렇고, 자식도 그렇고, 모든 게 스트레스"라며 다소 추상적으로 호소하다가, 이 그림을 고르고 무엇이 문제인지 구체적으로 들여다볼 수 있었습니다.

"돈이 생기는 것도 아니고 그냥 불평불만을 얘기할 뿐인데 그게 스트레스 해소에 도움이 되나요?"라고 묻는 분이 있을지 모르겠습니다. 사실 이분처럼 여행이라도 가고 싶다면, 가장 좋은 방법은 돈을 버는 것이겠지요. 외모로 스트레스를 받는다면 성형하고, 아직 미혼인 것이 스트레스라면 결혼하면 될 것입니다. 하지만 현실적으로 그렇게 할 수 없기에 다른 치유의 방법을 모색하는 것입니다.

우리는 그림을 통해 나를 돌아봄으로써 '내가 이렇구나'라고
내가 처한 현실을 좀더 뚜렷이 인식할 수 있습니다.

그런 다음, 그렇게 인식한 현실을 '내가 어떻다'라고 구체적인 말로 표현해야 합니다. 그림 속 대상에 감정을 이입하면서 언어로 직접 표현하고, '이랬으면 어떨까?' 라고 가정하며 희망해보는 과정이 모두 스트레스를 풀어주는 방법이 됩니다.

돈에 대한 부담을 가볍게 하다

미켈란젤로 메리시 다 카라바조 Michelangelo Merisi da Caravaggio
속임수를 쓰는 사람 The Cardsharps

이 그림이 그려진 시대 사람들은
여자, 술 그리고 도박을 가장 두려워했다고 합니다.
도박에 대한 경고는 지금까지도 유효합니다.

실제로 도박을 하지 않더라도 돈에 강박을 느끼는 사람이 많습니다. 어디까지나 사람의 편의를 위해 발명된 돈이 외려 사람 위에 서는 일도 허다한 요즘이니까요. 이런 때는 돈의 가벼운 의미를 환기시킬 필요가 있습니다. 카라바조의 〈속임수를 쓰는 사람〉은 그런 힘을 가진 그림입니다.

카드놀이를 하고 있는 두 사람의 분위기가 흔한 도박장의 풍경과 사뭇 다르지 않나요?

소년의 화사한 외모도 한몫하겠습니다만 그보다 중요한 것은 이들이 지닌, 돈 놀음에 '그렇게 깊이 빠져들지 않은 느낌' 입니다.

옆의 아저씨가 패를 훔쳐보며 수신호를 하고, 소년은 등 뒤로 카드를 숨기는 등 은밀한 긴장감이 흐르기도 하지만, 우리의 시선을 사로잡는 것은 해사한 젊은이의 표정입니다. 순진해 아무것도 모르는지, 아니면 다 알면서도 아닌 척 즐기는 것인지, 젊은이의 진지하고도 태평한 분위기로 인해 카드놀이는 위험한 도박보다는 그야말로 '놀이' 로 느껴집니다.

도박을 다루면서도
태연자약함과 능청스러움을 띠는 이 그림은,
돈을 과하게 신봉하고 그 무게로부터
스트레스를 받는 이들에게 새로운 자극이 되어줄 것입니다.

미켈란젤로 메리시 다 카라바조 | 1595년경 | 캔버스에 유채 | 94.2×130.9cm | 킴벨 미술관

돈벌이 중에
힘들지 않은 일은 없을까

디에고 리베라 Diego Rivera
꽃 노점상 The Flower Seller

칼라calla는 우아하고 자기중심적인 꽃입니다. 커다란 잎이 꽃을 두툼하게 감싼 것만으로 존재감이 크죠. 똑같이 고결한 흰색을 띠지만, 꽃다발의 배경으로 쓰이는 안개꽃과 달리 칼라는 항상 중심에 놓입니다. 결혼식에서도 그날 가장 찬란한 주인공인 신부의 손에 들리곤 하지요. 이렇듯 한 송이만으로도 굉장히 고고하고 아름다운 칼라가 그림엔 이렇게 수북합니다. 압도적인 느낌을 줄 수밖에요.

디에고 리베라 | 1942 | 메이소나이트에 유채 | 122×122cm | 개인소장

화려하고 강한 칼라에 시선을 먼저 빼앗기고 말았지만
여기 꽃 더미를 짊어진 여인에게도 눈을 돌려보세요.

가장 우아하고 아름다운 꽃을 팔기 위해 가장 낮은 곳에 무릎을 꿇었습니다. 돈을 벌려고 꽃을 파는 이 여인에게, 아름다움은 아름다움으로 보이지 않고 되레 어깨를 짓누르는 무게만 크게 다가올 것입니다. 뒤에서 도와주는 이가 없다면 금방이라도 꽃 더미에 깔릴 것만 같죠.

이렇듯 아무리 화려하고 아름다워 보이더라도
모든 일에는 노동의 고충이 숨어 있습니다.

미술만 해도 '예술은 숭고하고 아름다워'라며 화가의 길을 꿈꾸지만, 고달픈 입시준비를 시작으로 평생 끊임없이 연습하고 자기와 싸우며 고난을 뚫고 헤쳐나가야 하지요. 더구나 그 일이 생계수단이라면 짓눌림은 더할 것입니다.
꽃 파는 일도 그렇습니다. '꽃 보면서 일한다는 게 얼마나 아름다워?' 라고 쉽게 말할 수 없는 것이, 모두 잠든 새벽에 꽃 시장에 다녀와야지, 신선도도 유지해야지, 주문이 예약되면 약속한 시간에 맞춰야지, 우리가 모르는 나름의 고충이 있지요.

남들은 겉만 보고 "부럽다" "좋겠다"를 연발하지만
정작 자신은 온갖 부담과 걱정거리에
짓눌리는 순간이 있지 않나요.

그럴 때의 외로움을 묵묵히 달래주는 그림입니다. 네가 힘든 것 다 알고 있다고 말하면서요. 칼라의 눈부심과 뒤의 조력자도 아주 절망적이지는 않은 느낌을 주지요.

Puede que algo sea indeseable porque no llegamos a comprenderlo del todo y, claro, la opción más fácil es odiarlo.

이해할 수 없는 것에 대한 가장 쉬운 선택은
그것을 증오하는 것이다.

– 디에고 리베라

미래에 우리가 살고 싶은 풍경

클로드 모네 Oscar-Claude Monet
아르장퇴유의 뱃놀이 Regatta at Argenteuil

머릿속으로 그려보세요.

만일 내가 백만장자가 된다면,
어떤 생활을 하고 있을까요?

모네는 이 그림에서 파리의 중산층이 꿈꾸던 행복한 여가의 이미지를 묘사했습니다. 그런데 그 모습이 지금 우리가 꿈꾸는 것과 크게 다른 것 같지 않습니다.

클로드 모네 | 1872년경 | 캔버스에 유채 | 48×75.3cm | 오르세 미술관

보통 산모들은 가정에 대해 가장 좋은 모습만 생각하려는 경향이 있습니다. 예비엄마들에게 미래에 자신이 살고 싶은 풍경을 그려보라고 하면 거의 대부분 이런 요소들이 나타납니다. 고즈넉한 바닷가에 집을 짓고, 주말엔 요트를 타며, 내 가족 내 아이와 오순도순 사는 모습, 그렇다고 해서 사람들로부터 고립되지는 않은 삶 말입니다.

이 그림을 보고 있으면, 비 온 뒤 유리창에 비친 풍경처럼 흐릿한 형태가 몸과 마음의 긴장을 덜어줍니다. 연한 파스텔 톤의 색채, 잔잔한 수평구도도 편안함을 느끼게 하는 요소입니다.
에너지를 높여주는 호쿠사이의 파도 그림(70~71쪽)과 한번 비교해보세요. 그래픽에 가까운 짙은 색채와 한쪽으로 완전히 쏠려 덮치울 듯한 역동적 구도와는 크게 상반되지요.

비록 지금 풍족하지 않더라도
그림 속 여유로운 정경을 마주하며
따뜻한 미래를 꿈꿔보면 어떨까요.

미래에 내가 살고 싶은 풍경은 어떤 모습인지 상상하며
잠시나마 마음의 긴장을 놓아보길 바랍니다.

Je n'ai fait que regarder ce que m'a montré l'univers.

나는 그저 우주가 내게 보여준 것을 봤을 뿐이다.

—클로드 모네

가장의 짐을 내려놓다

암리타 쉐어 길 Amrita Sher-Gil
옛이야기꾼 Ancient Storyteller

경제적 부담감 때문에 우울감을 호소하는 사람이 점점 더 늘고 있습니다. 특히 가족의 생계를 책임져야 하는 중년의 경우 형편이 나쁘지 않은데도 언제 직업을 잃을지 모른다는 불안감, 자녀양육의 압박, 부족한 노후준비 등으로 상대적 박탈감, 주관적 빈곤감에 좌절하고 있습니다.

일인가족이 늘고 맞벌이가 일반화되는 등 가족상이 많이 바뀌었다고 하지만, 한 가정을 책임져야 하는 중년이 갖는 경제적 압박감은 여전히 무겁습니다. '가장'이라는 완장이 주는 멍에가 그렇게나 큰 것이지요. 모든 문제를 혼자 짊어지고, 가정을 지탱하기 위해 궂은 희생도 마다 않는 가장의 굴레에서 조금은 자유로워질 필요가 있습니다.

만일 가장의 기준이 좀더 '편안하게' 재구성될 수 있다면
가장으로서 위축받을 일도 그만큼 줄어들 것입니다.

그림을 보세요.

가족 모두 참 편안해 보이지 않나요. 억대 아파트에 살아도 주관적 빈곤감에 시달리는 요즘 사람들보다, 부유하진 않지만 자족적인 이들의 모습이 더 행복해 보입니다. 아버지는 가장이라는 권위를 내세우거나, 홀로 자기 문제에 빠져 있지 않습니다. 편히 앉아서 아이들에게 눈을 맞추며 옛날이야기를 읊어주고 있죠. 아이들도 아버지가 들려주는 이야기에 푹 빠져 있는 듯합니다. 어머니가 둘러쓴 붉은 옷과 큰 그릇에 담긴 죽이 집안의 공기를 더 따뜻하게 덥혀줍니다.

'밖에서 돈 벌어오는 집안의 기둥'이 아닌
한 가족의 일원으로서 마음을 나누는 가장의 모습이
보는 이의 마음을 편안하게 해줍니다.

암리타 쉐어 길 | 1940 | 캔버스에 유채 | 89.2×72.8cm | 인도 국립현대미술관

Time

나는 어떤 기대를
가지고 살아갈까

로렌스 알마 타데마 Lawrence Alma-Tadema
기대 Expectations

소설 『빨간 머리 앤』의 등장인물 마릴라 아주머니는, 소풍이며 새로 만날 친구며 무엇에든 애정을 쏟는 앤을 보며 한숨을 내쉽니다. 앞으로 살면서 실망할 일이 많을까봐 걱정이라면서요.
하지만 앤은 그것이 이루어질 수 없을지는 몰라도, 앞일을 미리 생각해보는 건 자유이지 않느냐며 이렇게 말합니다.

"린드 아주머니는 '아무것도 기대하지 않는 사람은
아무런 실망도 하지 않으니 다행이지' 라고 말씀하셨어요.
하지만 저는 실망하는 것보다 아무것도 기대하지 않는 게
더 나쁘다고 생각해요."

로렌스 알마 타데마 | 1885 | 패널에 유화 | 45×66cm | 개인소장

우리는 나이가 들수록 실망하게 될까 하는 두려움에 처음부터 기대를 버리는 일이 많은 것 같습니다.
하지만 뭔가를 기대하는 일이 매분 매초를 얼마나 황홀하게 만드는지 잊고 산 것 아닐까요? 앤의 말처럼 앞일을 생각하는 건 발견과 상상으로 가득한 즐거운 일인데 말이죠.

이 그림은 보는 것만으로
'기대하는 기쁨'을 다시 느끼게 해줍니다.

여인은 기대에 들떠 보이지만 그렇다고 자기 자신에게 소홀한 사람 같지는 않습니다. 옷매무새가 흐트러져 있거나 머리가 부스스하지 않고, 단정한 옷과 장신구, 머리 모양을 갖췄습니다. 이렇게 준비를 참 잘했기에 이 사람 자체에도 기대가 되는 것입니다.

'그녀는 뭘 기대하고 있을까?'

누가 오는지, 내가 갈지, 나의 앞날은 어떻게 펼쳐질지, 아마도 이런 행복한 상상들이 아닐까요? 설명되어 있지는 않지만 여러분은 그 점을 색의 배치에서 이미 느꼈을 겁니다.

'분홍'은 무조건 '행복'한 색입니다. 하지만 행복하다고 해서 색을 쓸 때 분홍으로 전부 덮는 일이 없도록 주의하세요.

노란색, 파란색, 빨간색 등 색깔 자체는 모두 예뻐도 눈은 파랗고 입술은 빨갛고 화장이 온통 진하면 곧바로 '촌스럽다'고 하죠? 그림도 이와 같습니다. 명도와 채도가 높은 분홍이 과하게 들어가면 자칫 눈이 현란하고 촌스럽게 느낄 수 있는데, 이렇게 분홍이 조금씩 들어가 청량감이 느껴지는 파란색, 흰색과 적절히 조화되어 있기에 더욱 행복감이 돋보입니다.

구도도 마치 우리가 카메라를 '파노라마' 모드로 두고 양옆으로 쭉 훑을 때의 시원스러운 구도 같지요. 우리의 시선은 이 그림 왼쪽으로부터 오른쪽으로 이동하며, 그녀가 내다보는 앞날을 같이 향하게 됩니다.

시원한 바람이 불고
예쁜 꽃망울이 드리워진
지중해의 대리석 옥상에서
그녀와 함께 나의 미래도
같이 기대해보는 것은 어떨까요?

바빠서 너무 정신이 없을 때

프레데릭 레이턴 Frederick Leigton
타오르는 6월 Flaming June

6월은 어떤 시기인가요?

모든 것이 다 타버리는 한여름과 달리, 이제 막 '타오르는' 시기입니다. 여름이 시작되고, 사람들은 바빠지고, 만물이 움직이죠. 여인의 옷 색깔도 활력의 상징인 주황색으로, 그림 대부분을 타오르는 불빛 같은 이미지로 채우고 있습니다.

프레데릭 레이턴 | 1895 | 캔버스에 유채 | 119×119cm | 폰세 미술관

하지만 여인은 무얼 하고 있나요?
한가롭게 잠을 자고 있습니다.
한창 몸을 움직일 시기에 이렇게 쉰다는 것 자체로 이 그림은 우리에게 꿀 같은 휴식의 심상을 느끼게 합니다.

제 신체에 꼭 맞춘 듯한 얇은 시폰의 옷을 입고,
웅크려 자고 있습니다. 이렇게 옆으로 누워 팔다리를 접고
머리를 무릎에 가까이 한 자세는 엄마 배 속에 있는
태아의 자세로, 인간에게 무의식적으로
심리적인 안정감을 가져다줍니다.

공간 역시 어떤 긴장도 느낄 필요없이 안전합니다. 이처럼 속이 비치는 얇은 옷을 입고 야외 수풀에서 자고 있다면 절로 경계심이 들 수 있지만, 여인이 잠든 곳은 몸과 하나인 듯 익숙한 자기 소파거든요.

열정적이고 바쁜 시간을 보낼 때도
짧은 낮잠 같은 휴식을 나에게 선물해주세요.
그 잠깐의 쉼이 앞으로의 시간을
더 활기차게 만들어줄 것입니다.

미래의 희망으로 나를 채우다

파울 클레 Paul Klee
세네치오* Senecio

시간의 조각들이 모여 한 사람을 완성합니다. 조금 흠이 나고 바랜 부분도 있지만, 평지뿐 아니라 날카로운 산맥도 있지만, 이렇게 많은 요소가 모인 한 사람의 얼굴은 결코 불행해 보이지 않습니다. 그 모든 점에도 둥그런 얼굴을 이뤘고, 단순하고 유쾌합니다. 내 삶이 지금 이 순간 조금 지치거나 굴곡지더라도, 하나하나의 시간이 연결되어 결국은 행복하고 좋은 인생을 이룰 것이라는 희망이 들게 하는 그림입니다.
다만 성형하거나 성형을 앞둔 사람, 사고로 장애를 갖게 된 사람에게는 이 그림을 멀리하게 하는 것이 좋습니다. 본인의 상태가 이렇게 될까봐 그림 속 신체적 왜곡의 묘사를 좋아하지 않는 경향이 있습니다.

* 노란색 국화꽃의 일종

파울 클레 | 1922 | 캔버스에 유채 | 40.3×37.4cm | 바젤 미술관

이 그림은 어린아이들의 정서에도 매우 좋습니다. 아이들에게 이 그림을 보여주면 "사람이 이렇게 생겼어요?" "진짜 이런 사람이 있어요?" 하며 바로 질문해대곤 합니다. 조각 나 있는 얼굴, 높낮이가 다른 눈, 하나밖에 없는 눈썹까지, 재밌고 신기한 요소가 가득해 호기심을 자극하기 때문이죠.
아이들의 정서에 어떤 그림이 좋느냐는 질문을 자주 받습니다. 일차적 조건은 무조건 '재밌어야' 한다는 것입니다. 그래서 이 그림처럼 호기심을 자극할 만한 요소가 충분한 것이 좋습니다. 색깔도 그중 하나로, 무채색이 지배적인 그림보다 색이 다양한 그림이 정서를 함양하는 데 도움이 됩니다.

아이들이 좋아하는 색이 많이 담기기도 했습니다.
아동과 색채에 관한 한 논문에 의하면 아이들은 노랑을 가장 좋아하며 이 밖에 빨강, 주황을 선호하는 것으로 나타납니다.

그래서 노랑, 주황, 빨강 등 따뜻한 난색이 다양하게 활용된
이 그림이 아이들에게 더할 나위 없이 좋은 것이죠.

그림의 노란색이 아이들이 좋아하는 '곰돌이 푸'와 많이 닮지 않았나요? 단짝 피글렛의 분홍색도 섞여 있고요. 애니메이션의 주요 캐릭터에 난색이 자주 활용되는 것도 이렇게 아이들의 색채선호와 관련이 있습니다.

Kunst gibt nicht das Sichtbare wieder, sondern Kunst macht sichtbar.

예술은 현상을 재현하는 것이 아니라,
현상을 눈에 보이게 한다.

—파울 클레

마음 편한 퇴근 시간처럼

허버트 바담 Herbert Badham
나이트 버스 The Night Bus

여러분, 퇴근길에 어떤 노래를 들으시나요?

의욕을 살리는 통통 튀는 댄스곡보다는, 차분하게 마음을 적시는 조용한 노래를 듣는 분이 꽤 많으실 겁니다.
오늘 하루 수고했으니 더 힘내 움직이지 않아도 된다는 안심감을 주니까요.

〈나이트 버스〉도 퇴근길 듣는 노래처럼 편안함을 주는 그림입니다.

사람은 많지만 말할 필요는
별로 없어 보이기 때문이죠.
온종일 말해야 하는 우리는
그러지 않아도 된다는 점만으로
마음이 편안해집니다.

나이트 버스라고 해서 사람들이 피곤에 절어 졸거나 처진 모양새도 아닙니다. 전체적으로 정장을 갖췄고, 그 색상에 붉은색 계열이 없는 난색을 사용해 도시적이고 차분한 느낌을 끌어올렸습니다.

허버트 바담 | 1943 | 보드에 유채 | 35.7×25.6cm | 빅토리아 주립미술관

No SMOKING
274

과거에 사로잡힌 당신에게

클로드 모네 Oscar-Claude Monet
루앙 대성당 Rouen Cathedral

여섯 장의 그림 중 마음이 가는 그림을 골라보세요.

클로드 모네 | 1892~93 | 캔버스에 유채 | 107×73cm | 오르세 미술관

마음이 아파서 오는 분들은 위의 여섯 개 작품 중 뚜렷하고 선명한 작품보다는 안개에 가린 듯 불투명한 건물 이미지를 고르는 경우가 많습니다.
우리도 그렇지요. 슬프고 힘들면 비 오는 날이나 어두운 저녁 시간이 오히려 마음 편안하게 느껴질 때가 있습니다.
하지만 우리가 늘 어두운 날만 보낼 수 없듯 어두움이 주는 편안함에 계속 갇혀 있으면 문제가 됩니다. 특히 과거의 어떤 기억 때문에 힘들어하는 사람들은 저 뿌연 기억의 고성 속에서 해방되지 못하고 있는 것과 같습니다.

모네의 〈루앙 대성당〉 연작은 그런 이들의 생각을 전환시켜
치유의 계기를 마련해주는 도구가 됩니다.

여섯 장의 그림 중 루앙 성당의 실제 모습을 가장 뚜렷하게 그린 것은 네 번째 그림이겠죠. 하지만 아침부터 저녁까지의 시간 흐름, 빛의 변화 그리고 화가의 눈이 이 건축물에 새로운 색을 더했고, 루앙 대성당은 불그죽죽하게도, 황금빛으로도, 뿌옇게도 보이게 되었습니다.

그렇다고 성당의 본모습이 변하는 것은 아니지 않겠어요.

우리의 과거도 마찬가지입니다.
과거에 일어난 일은 하나의 '사건'일 뿐인데, 사람들은 이를 지나치게 미화하거나 비관하곤 합니다. 마음의 눈으로 재해석된 과거는 유독 환하거나 유독 칙칙하다거나 해서 현재까지도 당신의 마음을 붙들고 있지만, 사실은 그저 '있었던 일'에 지나지 않습니다.

과거에 자꾸 집착이 들 때는,
원래의 것을 바라볼 필요가 있습니다.

그 실제가 당신의 기억보다 대단치 않나는 사실을 발견했다면, 이제 발길을 돌려 앞으로 걸어나가보면 어떨까요.
당신을 저 고성에 가둔 것도, 고성에서 끌어내는 것도 당신의 마음입니다. 치료의 시간이 지나고 마음을 추스를 수 있는 때가 오면 뚜렷한 건물의 이미지가 좋아지고 우리의 현실을 직시하게 되는 판단력도 생기게 되지요.

객관적으로 보게 되는 나의 문제들

카스파르 프리드리히 Caspar David Friedrich
안개 낀 바다 위의 방랑자 Wanderer above the Sea of Fog

은희경의 소설 『새의 선물』에는 전쟁 통에 어머니와 아버지를 잃은 열두 살 소녀 진희가 나옵니다. 제 나이에 감당하기 힘든 아픔을 아이는 어떤 식으로 견뎌낼까요?

진희는 특이하게도 '두 개의 나'를 분리해서 가지고 다닙니다.

무언가에 슬퍼서 몸부림하다가도, 그런 나를 지켜보는 또 하나의 나를 생각하다 보면 차분해진다고 하면서요.

어린 나이에 시니컬한 태도를 취하게 된 주인공의 시선이 슬프기도 하고 우습기도 하지만, 우리에게 고통을 덜 수 있는 방법적 측면을 시사합니다.

미술치료의 가장 강력한 힘 중 하나는
내 문제를 객관적으로 바라봄으로써
변화의 계기를 마련하는 것이거든요.

그런 면에서 프리드리히의 〈안개 낀 바다 위의 방랑자〉는 과거의 아픔에 시달리는 이들에게 훌륭한 안내자가 되는 그림입니다.
한번 따라가볼까요?

높은 바위 위를 올라가니 당당한 포즈로 우뚝 선 한 사람이 있습니다.
아래로는 광대한 파도가 포효하고, 위로는 광활한 하늘이 펼쳐집니다.
팽팽한 구도 속 한중간에 위치한 그는 지금 이 순간, 세상의 유일한 중심처럼 보입니다.
그 사람은 바로 당신입니다. 등진 주인공의 시선에 당신 자신을 이입해 그가 보는 것을 보게 되거든요. 그처럼 당신은 무엇이든 발밑에 놓고 내려다볼 수 있을 것 같습니다.
파도처럼 난폭하게 널뛰는 나의 감정, 상처도 그렇습니다.
파도는 자기가 산산이 부서지는지도 모르고 바위에 제 몸뚱이를 부딪치길 멈추지 않죠. "괴로워!" "너무 아파!"라고 울부짖다 보면 그 감정에 휩쓸려 내 모습조차 보이지 않게 됩니다.

그 대신 파도를 내려다보면 어떨까요?

"괴로워서 나뒹구는 내가 있다" "아파하며 울부짖는 내가 있다"라는 관찰이 가능하겠죠. 현상은 하나이지만, 이 경우 벌써 감정의 온도가 몇 도쯤 식은 것 같지 않나요.
이 그림은 나의 문제를 관망함으로써 문제를 객관적으로 보게 하고, 차분히 사색할 수 있게 합니다. 과거 일로 여전히 마음은 아프지만, 시선을 조금만 다르게 취할 수 있다면 어떤 고통의 격랑도 나를 쉽게 휩쓸어가지 못할 것이며, 나는 결국 고통의 정복자가 될 것이라고 예감하게 합니다.
저 안개 위의 방랑자처럼 말입니다.

카스파르 프리드리히 | 1817년경 | 캔버스에 유채 | 94.5×74.8cm | 함부르크 미술관

Sturm läutert die Luft.

폭풍은 공기를 정화한다.

– 카스파르 프리드리히

지금의 나를 벗어나고 싶다면

프리다 칼로 Frida Kahlo

머리카락을 자른 자화상 Self-Portrait with Cropped Hair

여러분은 마음에 들지 않는 것을 어떻게 하나요?

물건이라면 바꾸고, 그림이라면 지웁니다.

하지만 마음에 들지 않는 것이 '나의 현재'라면 어떻게 하죠?

마찬가지입니다.

나의 현재를 바꾸고 지우는 일로 심리적인 해소를 얻을 수 있습니다.

밴더빌트Vanderbilt 대학 존 F. 케네디 센터John F. Kennedy Center의 트래비스 톰슨Travis Thompson 박사팀 연구에 따르면, 자기 신체에 자극을 가하면 뇌에서 베타 엔도르핀(beta endorphins, 진통 작용을 하는 호르몬)이 분비되어 기분이 좋아지는 효과가 있다고 합니다. 미국인 중 5~30만 명 정도가 이 효과를 얻으려고 자신의 머리를 자극하거나 살을 깨무는 등의 행동을 보인다고 하죠.

자신은 모르고 있지만 여러분도 그렇게
스트레스를 해소한 적 있습니다.

어느 날 머리를 확 자른다거나, 옷 스타일을 아예 바꿔보거나, 아니면 귀를 뚫는 일까지 모두 기존의 나를 훼손하고 부정하는 일이거든요. 다만 가능한 부분을 변화시키는 것일 뿐이죠.

그림을 통해 간접적인 자기부정의 후련함을 느낄 수도 있습니다.
대표적인 그림이 프리다 칼로의 〈머리카락을 자른 자화상〉입니다. 그림 속 그녀는 가위로 그 길던 머리를 다 잘라버렸죠.

여성인데도 남성의 옷을 입었습니다.
새로운 자아를 찾기 위해 고민한 흔적들입니다.

프리다 칼로 | 1940 | 캔버스에 유채 | 40×27.9cm | 뉴욕 현대미술관

Mira que si te quise, fué por el pelo,
Ahora que estás pelona, ya no te quiero.

칼로를 이렇게 만든 장본인은 세기의 로맨스를 펼쳤던 연인, 디에고 리베라입니다. 일기에 '당신의 두려움과 당신의 고뇌, 당신의 심장 소리 속에 내가 갇혔음을 느낀다'라는 열렬한 고백이 쓰여 있을 정도로, 그녀는 당대 최고의 화가이자 급진적 혁명가인 리베라에게 자신의 영혼을 송두리째 빼앗겼습니다. 하지만 마초적 욕망의 화신이기도 했던 리베라는 그녀의 가장 친한 친구나 동생과도 거리낌 없이 관계를 가지는 등 칼로의 영혼에 깊은 상처를 입혔습니다.

그림 위쪽을 보면 칼로가 직접 필사한 멕시코의 노래 가사가 있지요.
"보세요. 내가 당신을 사랑했다면, 그건 당신의 머리카락 때문이죠.
지금 당신은 머리가 없으니 나는 더 이상 당신을 사랑하지 않습니다."

상대를 강렬히 원하는 동시에 강렬히 원망하면서, 그를 사랑하는 자신을 떨쳐내겠다는 결연한 의지가 엿보입니다. 지금의 나를 벗어나 새롭게 거듭나기 위해 슬플 정도로 처절하게 자기를 부정해야 하는 때가 있음을 알려줍니다.

¿Pies, para qué los quiero
si tengo alas para volar?

나에겐 날 수 있는 날개가 있는데
발이 무슨 필요가 있겠는가?

– 프리다 칼로

세 여인이 가르쳐준 인생의 단계

구스타프 클림트 Gustav Klimt
여인의 세 단계 The Three Ages of Woman

이 그림은 주로 중년 여성들이 보면서
자신의 회한을 솔직히 털어놓는 좋은 그림입니다.

구스타프 클림트 | 1905 | 캔버스에 유채 | 178×198cm | 로마 현대미술 갤러리

그림에서 묘사되듯 여성들은 가장 먼저 얼굴로, 피부로, 건강으로 나타나는 몸의 변화에 서운함과 서글픔을 느낍니다. 갱년기 우울도 그런 현상의 하나지요. 하지만 여성 호르몬 감소로 인한 감정기복을 가족들은 잘 이해하지 못합니다. 얘기를 들어보면 주로 '엄마가 갑자기 이상해졌다' 고 치부한다고 합니다.

중년 여성들이 크게 서운해하는 점 가운데 하나는 주변에서 자신을 태어날 때부터 '엄마' 인 사람으로만 본다는 것입니다. 당신 역시 흰머리 하나에도 속상한 여성인데 말이죠.

그런 분들은 특히 이 그림이 자신의 복잡한 심경을 알아주는 것 같다고 이야기합니다.

"맞아. 아이 키울 때, 이때 참 행복했어요."

"젊을 때가 좋았어요."

중년의 우울을 겪고 있는 여성들은 포근히 안은 뽀얀 살결의 모녀를 통해 과거를 회상하며 그 시절을 아름답게 추억하곤 합니다.

노년을 향해 가는 변화들에 공감하기도 하고요.

어머니들에겐 자기 이야기를 꺼내 나누며
조금이라도 자신을 이해받는 시간이
가장 좋은 치유가 됩니다.

Wer einen Sinn hat für das Häßliche,
dem muß auf Erden wohl sein.

못생긴 이에 대한 감각이 있는 사람은 이 세상에 꼭 필요하다.

–구스타프 클림트

미래에 대한 불안을 걷어내려면

피터르 브뤼헐 Pieter Bruegel the Elder
이카루스의 추락이 있는 풍경 Landscape with the Fall of Icarus

30대 초반이 되면 본격적으로 자기 미래를 설계해야 한다는 책임을 느끼는 사람이 많습니다. 하지만 미래는 불투명하기에 그런 책임감은 대부분 막연한 불안으로 다가옵니다.

'이 직장을 계속 다녀야 할까? 직장을 옮길까? 아니면 공부를 더 할까?'

도무지 정답이 없는 질문들입니다. 그 앞에서 헤매고 괴로워하는 이들은 이 그림을 유독 가장 와 닿는 그림으로 고르곤 합니다.

"왜 이 그림을 골랐어요?"

"바다가 있어서요. 시원하고, 뭔가 다른 세계가 있을 것 같아요."

많은 사람이 이 그림에서 신비한 분위기를 자아내는
미지의 세계, 바다에 주목하곤 합니다.

피터르 브뤼헐 | 1558 | 캔버스에 유채 | 73.5×112cm | 벨기에 왕립미술관

그런데 보세요. 그림 앞에는 한창 일하는 사람이 있습니다. 땅에 착실히 발을 딛고, 시선도 돌리지 않은 채 그저 밭을 갈고 있죠. 반면 저 멀리 미지의 바다에는 환한 빛도 있지만 암초도 있고, 물 위를 매끄럽게 흐르는 멋진 범선도 있지만 물속에 빠져 버둥거리는 이카루스도 있습니다. 미래는 한 치 앞을 모르는 것입니다.

이 그림은 멀고 불확실한 바다와 가깝고
확실한 땅을 대비시키며, 내가 발 디딘 현실에서
지금 할 수 있는 것에 집중하는 마음을 일깨워줍니다.

심리학자들은 이를 '마음챙김mindfulness'이라고 부릅니다. 『하버드 대학교 건강저널Harvard Health Publications』은 과거를 생각하거나 미래를 계획하기보다 현재에 몰두하면, 스트레스가 줄고 수면의 질이 높아지며 혈압이 내려간다고 밝혔습니다.

중요한 점은 당면한 문제에 초점 맞추는 법을 터득하는 것입니다. 지금 비추는 해는 언젠가 질 것이고, 우리에겐 원하든 원치 않든 편히 쉴 때가 올 것입니다. 그러니 일할 수 있게 허락된 매 순간을 소중히 여기고, 지금 할 수 있는 일에 전념하는 것도 중요합니다. 그러다 보면 어떤 변화나 희망이 생기지 않을까요.

한 번쯤 죽음을 생각해보는 시간

폴 고갱 Paul Gauguin

우리는 어디서 왔는가, 우리는 무엇이며, 어디로 가는가

Where Do We Come From? What Are We? Where Are We Going?

애플Apple Inc.의 CEO였던 스티브 잡스Steve Jobs는 암 선고를 받고 죽음에 직면한 뒤에도 아이폰 개발에 대한 창조적 활동을 멈추지 않았습니다. 오히려 '삶이 만든 최고의 발명품은 죽음'이라고 말하며, 죽는다는 사실을 기억하는 것이 인생을 변화시킨다는 긍정적인 사고를 견지했지요.

이처럼 우리는 죽음을 피할 수 없으나, 두려움은 피할 수 있습니다. 그런 점에서 〈우리는 어디서 왔는가, 우리는 무엇이며, 어디로 가는가〉는 인생의 과정을 파노라마처럼 펼쳐 보이며

D'où Venons Nous
Que Sommes Nous
Où Allons Nous

폴 고갱 | 1897~98 | 캔버스에 유채 | 139.1×374.6cm | 보스턴 미술관

내가 겪어야 할 죽음에 대한 이해를 달리하는 데
도움을 주는 그림입니다.
여러분은 가로로 긴 이 그림을 어디부터 훑어봤나요?

동양화와 달리 서양화는 보통 왼쪽부터 오른쪽으로 시선을 이동하며 봅니다.
하지만 이 그림에서는 출생이 아니라 죽음에 가까운 노인이 왼쪽에 와 있다는 점이 특기할 만합니다.
평소 우리는 그림 오른쪽에 있는 밝은 노란빛을 띤 젊음의 세계만을 바라보려고 합니다. 그렇기에 죽음이 주변의 일로 닥치면 엄청난 슬픔과 공포에 빠집니다. 죽음의 그림자를 드리운 노화에 대해서도 마찬가지입니다. 대중매체에서는 늙음과 추함이 동일시되고, 노인 요양시설은 일상의 거리로부터 유배당하지 않았습니까.

하지만 이 그림에서는 시선이 시작하는 왼쪽에 죽음이 있는 데다, 우리가 느끼는 것만큼 압도적이지 않고, 출생 등 여타 다른 삶의 단계와 동등하게 묘사되어 있습니다.

죽음 역시 우리 인생을 이루는 하나의 과정임을
자연스럽게 받아들이도록 하며 두려움을 다독여주는 것입니다.

성실함이 주는 삶의 교훈

랭부르 형제 The Limbourg brothers
베리 공의 매우 호화로운 기도서(6월, 2월) The Very Rich Hours of the Duke of Berry

때때로 시간이 참 안 간다는 생각이 듭니다.
노력에 비해 천천히 나아지는 삶 때문이죠. 지금 하는 일은 너무도 미미하고 사소해 보이는데, 언제쯤이면 나도 뭔가를 이루고 쌓을까 하고 답답한 마음이 고개 들 때가 있잖아요.

하지만 그런 작은 시간들이 모여 세월이라는 것을 이루고
분명 커다란 변화가 있으리란 사실을
이 그림은 눈으로 보여줍니다.

그림은 15세기 중세의 달력을 그렸습니다. 6월은 들판에서 마른 풀베기를 하는 어느 날, 2월은 겨울의 구유에서 동물을 사육하는 어느 날입니다. 사람들은 그날그날에 충실할 뿐이지만 그림 위에서 보여지듯 거대한 우주의 시간이 돌아갔고, 세상의 풍경이 일변했죠.

이 그림은 깨끗한 파랑과 하양이 주는 청신한 감각을 통해 시간과 계절의 순환을 갑갑한 반복보다는 자연스럽고 성실한 삶의 연속으로 느껴지도록 했습니다.

이렇게 성실하게 일하다 보면
그런 매일매일이 쌓여 무언가 이루어질 것 같다는
긍정적인 느낌을 받게 됩니다.

랭부르 형제 | 1412~16 | 양피지에 필사본 삽화 | 22.5×13.6cm | 콩데 미술관

시간이 멈춘 세상

알베르트 비어슈타트 Albert Bierstadt
하구에서 On the Saco

몽골에 다녀온 적이 몇 번 있습니다. '게르'라는 몽골 전통가옥에서 보낸 밤을 저는 잊을 수 없습니다. 밤하늘에 별을 뿌려놓았다는 표현 외에는 설명할 길이 없네요.

초원 위의 말들은 여유로웠지요. 급할 것이 없어 보였습니다.

알베르트 비어슈타트 | 19세기경 | 캔버스에 유채 | 76.2×111.76cm | 개인소장

제게 휴식이 되어준 몽골의 풍경처럼, 이 그림은 그냥 그 자리에 앉아 바라보기만 해도 마음을 쉴 수 있는 작품입니다.

여러분도 보면서 마음이 굉장히 편해졌을 겁니다.

시간에 쫓기는 모습을 그림에서는 조금도 찾아볼 수 없기 때문이죠. 누군가 물 마시는 소들을 채근하지도 않고, 울긋불긋한 가을 풍경과 하늘엔 사람 손이 닿지 않을 것 같지 않나요.

이 세상 어딘가에 숨어 있을 것 같은,
시간이 멈춘 세계에 잠겨보세요.

지금 이 시간에 충실하라

조르주 쇠라 Georges -Pierre Seurat
임종을 맞이하는 아나이스 페브르 오몽테 Anais Faivre Haumonte on Deathbed

공기, 물, 중력 등 평소엔 느끼지 못하지만 늘 주변을 둘러싸고 있는 것들이 사라지는 순간, 우리는 한없이 무력한 존재가 됩니다.

어쩌면 시간도 그런 것 아닐까요. 당연하게 주어지는 줄 알았던 시간이 희박해지는 것을 보고서야 우리는 시간의 소중함을 절실하게 느끼게 되는 듯합니다.

그런 점에서 죽음이 임박한 시간을 생생하게 포착한
이 그림은 '지금 이 시간에 충실하라'는
엄얼한 메시지를 던져줍니다.

삶이 무료하다고 느끼는 사람들이 보면 더 좋습니다.
시간이 너무 더디게 흐르고 사는 게 재미없다고 느낀다면 마음 상태가 이런 색깔일 것입니다. 무엇을 봐도 희뿌옇고 단조로운 회색이겠지요.

그런데 어떻습니까. 그림에서처럼 임종을 맞이하는 사람이라면 그 끈을 자발적으로 놓는 게 아니라 놓을 수밖에 없죠.

시간에 의해 강제로 죽임당하는 모습을 보면서 우리는 시간을 죽이기도 하는 자신을 되돌아보게 됩니다.

조르주 쇠라 | 1887 | 과슈 · 연필 소묘 | 23×33cm | 루브르 박물관

휴식이 필요한 순간은?

모리츠 폰 슈빈트 Moritz von Schwind
아침 시간 The Morning Hour

일과가 너무 바쁜 사람들은 숨 돌릴 틈도 없다고 하지요?
저만 해도 그렇습니다. 아침에 일어나면 해야 할 일이 산더미 같아서,
하루 시작도 전에 숨 막힌다는 생각이 들 때가 있거든요.

그래서 본격적으로 일과를 시작하기 전에
베란다 창문을 열고 바람을 맞습니다.
그리고 심호흡을 합니다.
이 순간이 저에게 환기의 에너지를 줍니다.

모리츠 폰 슈빈트 | 1860 | 캔버스에 유채 | 34.8×41.9cm | 샤크 미술관

그런 여유조차 허락되지 않는 경우 이 그림을 보면 도움이 됩니다. 그림 속 여성도 창밖의 공기를 들이쉬고 있습니다. 그것도 아주 적극적인 포즈로 말입니다. 아주 큰 창문이 활짝 열려 있고, 뒤꿈치도 살짝 들려 있습니다. 그녀가 들이마시는 아침 공기가 나의 폐 속까지 스며들 것 같은 심상을 줍니다.

톤이 잔잔하고 통일되어 있다는 걸 봐서는 이곳이 낯선 장소가 아니라 익숙하고 편안한 일상적 공간이라는 것이 느껴집니다. 침대 시트도 삐져나온 채 그대로이고 가운도 의자 위에 아무렇게나 놓여 있어서 아직 일과를 시작하기 전임을 알 수 있습니다. 이제 제대로 몸단장하고, 가족들한테 인사하고, 아침상도 차리는 바쁜 일상이 시작되겠지만, 그 전에 여인은 깊이 숨을 쉬겠다는 일에 굉장히 적극적입니다.

여러분이 주부든 학생이든 직장인이든, 하루 일과가 너무 버겁게 느껴질 땐 바쁜 일상의 시간이 시작되기 전에 이 그림을 보며 잠깐이라도 심호흡하는 시간을 가져보세요. 하루를 활기차게 보내는 데 도움이 될 것입니다.

쉴 시간이 없을 때가 바로 휴식이 필요한 순간이다.

The time to relax is when you don't have time for it.

—시드니 J. 해리스Sydney J. Harris

늙는다는 것에 대하여

주세페 아르침볼도 Giuseppe Arcimboldo
봄·여름·가을·겨울 Spring·Summer·Autumn·Winter

사계절을 참 익살스럽게 표현했죠?

주세페 아르침볼도 | 1573 | 캔버스에 유채 | 77×63cm | 루브르 박물관

그런데 잘 보면 우리 인생이 다 담겼다는 생각이 듭니다.

봄은 젊은 청년입니다. 만개하지 않은 봉오리도 많고, 꽃들이 작고 예쁘고 가볍지요.
여름을 보세요. 유쾌한 듯 웃는 표정인데 자세히 보면 이제 막 성숙된 과일과 야채들입니다.
가을이 되면 호박에, 포도송이에, 사과에, 버섯까지 열매가 마구 열리네요. 입은 옷도 여름의 볏짚보다 굵어진 나무통이고, 수염도 생겼습니다.
겨울에는 어떤가요. 확 늙었죠. 줄기엔 주름이 가득하고 머리카락 같은 나뭇가지는 앙상해졌습니다. 이제 다 익어 떨어지려는 무거운 열매가 보입니다.

이 그림을 한 장씩 보여주면 반응이 어떤지 아세요?
흉측하다고 싫어하는 사람이 많답니다. 특히 〈겨울〉을 보면서 예전만 못한 자신의 외모에 대한 슬픔도 이야기하고요.

그런데 넉 장을 나란히 보여주면 느낌이 또 다른가봅니다. '이게 자연의 순리구나' '자연스러운 거구나' 라는 인정을 많이 합니다.

봄과 겨울의 사람이 서로 같은 사람이기 때문입니다.
흉하게 주름진 늙은이가 바로 화사한 '꽃미남' 이었으니까요.
또 인간은 겨울에서 시간을 끝맺는 것이 아니라,
자손이라는 연속적 매개를 통해
대자연의 일부로서 순환을 이어갑니다.

힘이 세건, 약하건, 부자건, 가난하건, 아무도 예외가 되지 못하는 이 근본적인 순환을 우리는 자주 외면하고 부정하려 합니다. 그것이 가능하긴 할까요. 또 과연 지금도 손가락 사이로 흘러가는 나의 시간에 충실한 일일까요. 한번 생각해볼 일입니다.

Myself

울음은 영혼이 회복하는 첫걸음

조지 클로젠 George Clausen
울고 있는 젊은이 Youth Mourning

애써 괜찮은 척하는 건 그만두세요.
울고 싶을 땐 우는 것이 최고의 스트레스 해소법입니다.

아리스토텔레스Aristoteles는 『시학』에서 비극을 보는 경험이 '카타르시스catharsis'를 가져다준다고 말했습니다. '카타르시스'의 원래 뜻은 배변·배출을 가리킵니다. 그야말로 가슴에 쌓인 감정의 찌꺼기를 해소한다는 것이지요.

내가 슬플 때 신나는 음악이나 긍정의 한 줄을 접하면 괜찮아지나요? 그럴 수도 있지만, 오히려 슬픈 음악이나 비극적인 내용을 접하며 눈물을 쏟는 쪽이 더 후련합니다.

스트레스로 마음이 답답하고 슬픈 내담자들은 이 그림을 보며 그렇게 펑펑 울곤 합니다.
어둡고 추운 데서 하얀 알몸이 웅크리고 울고 있습니다.

얼마나 마음이 아프면 이럴까 공감되고, 보기만 해도
울음이 터지며 스트레스가 해소될 것 같다고 말합니다.

눈물방울만 예쁘게 흘리는 소극적인 그림이 아니기 때문입니다. 눈에서 액체가 나오는 것이 눈물이고 목소리로 나오는 것이 울음인데, 그림의 여인은 여기에 더해 손과 얼굴, 어깨, 무릎, 온몸으로 울고 있습니다.

카타르시스가 이루어지는 데는 하나의 기관이 아니라
이렇게 다양한 기관이 관련하는데, 이것들이 동시에
발산할 때 카타르시스는 더 커지게 마련입니다.

슬플 땐 이 그림 앞에서 실컷 우세요.
눈물도 콧물도 쏟고, 가슴과 어깨가 들썩이다 끝내 잦아들 때까지요.
울음은 영혼이 회복하는 첫걸음입니다.

조지 클로젠 | 1916 | 캔버스에 유채 | 91.4×91.4cm | 임페리얼 전쟁박물관

깊은 상처를 지닌 사람들을 위해

아르테미시아 젠틸레스키 Artemisia Gentileschi
류트를 든 자화상 Self-Portrait as a Lute Player

여인이 마치 화난 듯 우리를 쳐다보고 있습니다. 무슨 일이 있었던 걸까요?

"사탕을 따갔어요. 가져갔어요. 다시 가져왔어요." "기왓장이 깨졌어요."
성폭력 등으로 깊은 정신적 외상을 입은 이들을 이따금 상담합니다. 아픈 경험을 말로 다할 수 없어서인지 누가 가르쳐주지 않았는데도 환자들은 여러 은유를 씁니다.

아르테미시아 젠틸레스키 | 1615~18 | 캔버스에 유채 | 77.5×71.8cm | 워즈워스 아테니움 미술관

젠틸레스키라는 화가도 그랬습니다. 이 작품은 화가가 성폭행을 당한 직후 그려진 자화상입니다. 여기에서도 은유적인 물건을 볼 수 있는데, 바로 손에 든 악기입니다. 퉁퉁 튕겨지는 악기 줄, 언제든 끊어질 수 있는 연약한 현으로 자신을 표현한 듯합니다.

'아픔을 밖으로 꺼낼수록 덧나기만 하는 것 아닌가요?' 라고 묻는 사람도 있을 것입니다.

하지만 그 반대입니다.
우리가 무언가를 감추면 평생 어딘가에 숨겨져 있지만
그것을 밖으로 꺼내면 사라지고 흩어지는 것처럼,
무엇이든 만들거나 말하면
내면의 응어리를 풀어낼 수 있거든요.

일본의 국민작가인 나쓰메 소세키夏目漱石는 화날 땐 그 마음을 바로 열일곱 자로 표현해보라고 했습니다. 열일곱 자를 쓰는 과정에서 자신의 화가 타인의 화로 변하기 때문이죠.
이 그림을 그린 젠틸레스키도, 온몸이 부서지는 듯한 고통을 경험한 뒤 끊임없이 자화상을 그린 프리다 칼로도, 그림을 그리며 자신의 아픔을 객관화된 감정으로 떨어트려나갔습니다.

지금 화가가 겪는 아픔의 총체는 바로 '몸'인데, 그녀는 그걸 정면으로 그려냅니다. 그림을 보면 결코 성적인 요소가 없지 않지요? 가슴이 모여 도드라진 상황 그대로이지 않습니까.
이는 내게 어떤 상처가 있다고 해서 욕망까지 거세돼야 하는 건 아니라는 시사점도 던져줍니다. 사람들은 제가 '위안부 피해자 할머니들을 상담해보니 혜원 신윤복의 연애 그림들을 좋아하시더라' 하고 말하면 종종 놀랍니다. 그렇지만 이상할 게 없지요. 사랑하고 싶고 사랑받고 싶은 욕구는 누구에게나 당연한 것 아닌가요.

이 당연한 것을 당연하다고 말하기 위해 젠틸레스키는 얼마나 큰 용기를 냈을까요.

〈류트를 든 자화상〉은
깊은 상처를 지닌 모든 이에게
너의 아픔을 이겨내고
세상 속으로 나아가라고 등을 밀어주는 응원가입니다.

나는 어떤 사람인가

미켈란젤로 메리시 다 카라바조 Michelangelo Merisi da Caravaggio
나르키소스 Narcissus

당신의 물속에는 무엇이 비치고 있나요?

마음껏 떠올리고 그려보세요.

미켈란젤로 메리시 다 카라바조 | 1594~96 | 캔버스에 유채 | 110×92cm | 로마 바르베리니궁 국립고전회화관

고대 그리스의 철학자 플라톤Platon은 이 세상을 동굴에 비유했습니다. 우리 눈에 보이는 현상은 동굴 벽에 비쳐 어른거리는 그림자일 뿐인데, 우리는 좁은 동굴에서 빠져나오려는 생각 자체를 못 하고 내가 보는 것만 옳다고 믿으며 산다는 것입니다.

이 비유는, 본질보다 겉으로 보이는 화려함과 찰나의 으쓱함에 관심을 두고 피상적으로 살게 되는 현대인의 나르시시즘narcissism을 잘 꼬집고 있습니다.

외부에 비춰지는 것에 온 신경을 쓰느라
자신의 내면이 어떤 표정을 짓고 있는지도
살필 겨를이 없는 공허한 삶 말입니다.

나르시시즘 자체가 문제는 아닙니다. 긍정적인 자기지각은 높은 자존감으로 이어지는데, 이런 자기애가 부족한 사람들은 '내가 존재감이 있을까요?' '내가 살아야 될까요?' 라는 고민에 빠지기도 하거든요.

하지만 우월감에 대한 욕구에 치우친
자기애라면 문제가 됩니다.

정신장애 진단 및 통계편람의 진단기준에 의하면, 다음 항목 중 다섯 가지 이상 해당될 경우 자기애적 성격장애를 의심할 수 있습니다.

1. 자신의 중요성에 대한 과대한 느낌을 가지고 있다.
   (예. 성취와 능력을 과장한다, 적절한 성취 없이 특별대우를 기대한다)
2. 무한한 성공, 권력, 명석함, 아름다움, 이상적인 사랑과 같은
   공상에 몰두하고 있다.
3. 자신의 문제는 특별하고 특이해서 특별히 높은 지위의 사람이나
   기관만이 그것을 이해할 수 있고 관련해야 한다고 믿는다.
4. 남들이 자기를 과도하게 숭배하기를 요구한다.
5. 특별한 자격이 있는 것 같은 느낌을 갖는다.
   즉, 특별히 호의적으로 대우받기를, 자신의 기대에 대해
   자동적으로 순응하기를 불합리하게 기대한다.
6. 대인관계에서 착취적이다.
   즉, 자신의 목적을 달성하기 위해서 타인을 이용한다.
7. 공감능력의 결여: 타인의 느낌이나 요구를
   인식하거나 확인하려 하지 않는다.
8. 다른 사람을 자주 부러워하거나,
   다른 사람이 자신을 시기하고 있다고 믿는다.
9. 오만하고, 건방진 행동이나 태도를 보인다.

이 목록을 보고 혹시 눈치챈 것이 있나요? 자기애라고 말하지만 실은 남들의 인정에 굉장히 취약한 것을 볼 수 있죠?

남들이 어떻게 반응하는지에 따라
언제든지 무너질 수 있다면
그것은 진정으로 나를 사랑하는 태도가 아닙니다.

소크라테스는 '너 자신을 알라'라는 말과 함께 '검토하지 않는 삶은 살 가치가 없다'라는 말을 남겼습니다. 그 말을 거꾸로 하면, 살아갈 가치가 있는 삶은 바로 검토하는 삶이라는 것입니다.
나를 들여다보고 자기 삶을 검토함으로써 마음의 균형을 일군 사람이라면 외부의 기준과 가치에 휘둘려 내가 텅 비는 일은 없겠죠.

이 그림은 내면을 검토하기 위해 준비했습니다.

내가 비친 물속에 무엇이 들었는지 하나하나 그려보면서, 나에게 빠져드는 시간을 가져보세요.

모든 책임은 우주에 있다

카스파르 프리드리히 Caspar David Friedrich
해변의 암초 Rocky Reef on the Sea Beach

'가끔 우주의 크기를 생각해보세요.'

카스파르 프리드리히 | 1825 | 캔버스에 유채 | 22×31cm | 카를스루에 주립미술관

「수선화에게」, 「슬픔이 기쁨에게」와 같은 시로 유명한 정호승 시인은, 인생에 힘이 되어준 한마디로 이 말을 꼽았습니다.
어느 날 그는 신문 1면에서 토성에서 바라본 지구 사진을 보게 되었는데, 지구가 어쩌나 작은지 볼펜 똥을 콕 찍은 것 같았다고 합니다. 그런 지구, 그중에서도 아시아, 대한민국, 서울의 한 작은 아파트에 사는 나는 얼마나 작은 존재인가, 무엇을 더 얻고 소유하려고 매일 전쟁을 치르듯 바둥바둥하는가, 이 모든 게 얼마나 부질없는 일인가라는 충격이 시인의 마음을 어루만졌다고 하지요.

평소 우리가 자신을 둘러싼 세계를 깨닫기는 쉽지 않습니다만, 이 그림으로 시인이 말하는 우주의 크기를 느껴볼 수 있을 것 같습니다. 자잘한 인간사를 초월한 시공간의 거대한 구조가 느껴지는 작품입니다.

나는 그 속의 일부일 뿐이기에
내게 일어나는 모든 일이 나만의 문제가 될 수는 없습니다.

그런데도 우리는 불운한 결과를 과도하게 자신의 탓으로 돌리며 스트레스를 받기도 합니다.

“내가 거기에 안 갔더라면 그런 일을 당하지 않았을 텐데…….”

“내가 그런 선택을 하지 않았더라면 우리 회사가 망하지 않았을 거예요.”

이 그림은 이렇게 말하고 있습니다.

‘네게 일어나는 일들은 네 책임이 아냐.
네가 의도하지 않아도 우주와 세월이 모두 함께 움직이고 있어.
너의 강렬한 슬픔에서 언젠간 회복될 수 있을 거야.’

똑같은 소풍이라도 비바람이 치면 망치는 날이 되고, 햇빛이 따사로우면 기억에 남는 행복한 날이 되지 않나요?

이렇듯 인생은 나와 환경과 상황이 함께 움직이는 것입니다. 자신에 대해 좀더 폭넓은 시각을 갖는다면, 지금 한없이 버겁게만 느껴지는 문제들에서 벗어나 숨이 트일 것입니다.

침체된 몸에 생기를 선물하라

파울 클레 Paul Klee
노란 새가 있는 풍경 Landscape with Yellow Birds

침체되어 있는 나에게 행복한 기분을 가져다주는 그림입니다.

짙은 색으로 통일된 배경이,
너는 밝아져야 한다고 무리하게 강요하지 않습니다.

그러면서도 아기자기하고 다양한 요소를 전부 돋보이게 하지요. 파란 달밤, 온유한 붉은 나무, 생기 있는 노란 새. 하나도 같은 구석 없이 저마다 형태가 달라 눈으로 읽을거리가 풍부합니다.
이 그림은 긴말이 필요 없습니다. 그림이 주는 다채로운 자극을 온몸으로 즐겨보세요.

파울 클레 | 1923 | 검은 바탕에 수채 | 35.56×43.18cm | 개인소장

Ein einziger Tag reicht aus,
um uns etwas größer oder
ein bisschen kleiner zu machen.

우리를 조금 키우는 데는 단 하루면 충분하다.

–파울 클레

불안해하는 청춘들에게

로버트 리드 Robert Reid

서머 걸 A Summer Girl

매우 당당해 보이는 여성이네요. 나이가 몇이나 될까요?

뽀송한 피부, 청초한 외모와 자태, 도도한 표정이 한창인 20대로 보입니다.

20대란 어떤 시기일까요.

제가 느낀 바를 말하자면, 요즘 20대는 한마디로 '혼란기'인 것 같습니다.

'내 미래는 어떻게 될까' '내 길이 맞는 걸까' '선생님, 정말로 디자인이 제 길일까요?' 그들은 답을 찾아 헤매며 막막해하고 있었습니다. 이 그림은 불안한 청춘에게 유독 사랑받고 또 힘을 발휘해온 그림입니다.

여러 연령대의 여성들을 모아놓고 집단상담을 한 적이 있습니다.

각자의 고민을 허심탄회하게 털어놓는 자리였는데, 40대 중년분들은 주로 "나는 한 게 없다는 생각이 든다"며, 20대들을 향해 "너희 때가 부러워"라고 토로했습니다. 그런데 이를 듣던 한 학생이 생각지도 못한 얘기를 하더군요.

"우리는 뭐 편한 줄 아세요? 우린 더 불안해요. 뭘 해야 할지도 모르겠고 미래도 불확실하고요. 오히려 결혼하고 자식 낳고 나이 들면 편할 것 같아요."

로버트 리드 | 1896 | 캔버스에 유채 | 92.71×83.19cm | 개인소장

누가 봐도 괜찮고 번듯한 자태에, 명문대생인 스물넷 여성도 청춘의 불안에서 예외는 아니었던 것입니다.
그녀가 가장 스트레스가 해소되는 느낌을 받는다고 꼽은 것이 이 그림입니다.

화면구도상 여성이 완전히 중심에 자리하고, 그녀를 아래에서 위로 우러러보는 듯한 각도가 주인공의 당당함을 돋보이게 합니다. 허리에 손을 얹은 균형적 자세, 탁 트인 파란 하늘과 흰 구름 그리고 생명감 있는 초록이 주인공을 안정되게 뒷받침합니다.

많은 젊은이가 이 그림에 마음을 놓는 이유는,
어리고 미숙하지만 당당한 삶을 지속시킬 수 있다는
확신감에 자기도 모르게 영향받기 때문일 것입니다.

Things that are impossible usually take time.

불가능한 일에는 시간이 걸리는 법이다.

–로버트 리드

나에게 가장 스트레스를 주는 사람은?

윤두서

자화상

이 그림을 보면 인물에 대한 세부정보보다는 오직 이 사람이 나를 뚫어지게 쳐다보고 있다는 압도감이 일차적으로 전해집니다.

그래서 이 그림을 고르는 사람들은 뭔가에 위축되어 있는 경우가 많습니다. 움츠러들었다는 사실 자체나 그 이유도 몰랐다가, 그림을 통해 스트레스의 정체를 알게 됩니다.

윤두서 | 17세기 말엽 | 종이에 수묵담채 | 20.5×38.5cm | 개인소장

"저는 일에 자신이 없어요."

"왜요?"

"매번 주의나 지적만 받거든요. 이 그림처럼 상사가 항상 절 지켜보고 주목하는 것 같아요."

상사뿐 아닙니다. 아버지, 시어머니, 선생님 등 많은 사람에 대한 언급이 튀어나옵니다. 누군가의 과도한 관심에 부담을 느끼고 스트레스를 받는 이들에게, 이 그림은 무의식적 인지를 통해 자신의 상태를 찾을 수 있게 도와줍니다.

무섭든, 슬프든, 기쁘든 간에
나를 대변해주는 상황을 만나는 것,
내 상태가 이렇다는 점을 인식하고
밖으로 꺼내 이야기하는 일은
어려운 감정을 해소하는 데 도움이 되거든요.

여러분도 뭔가를 할 때 자신을 힘들게 하는 인물을 떠올려보세요.

그 사람의 눈과 닮았나요?

내 안에서
두 가지 마음이 싸운다면

앙리 마티스 Henri-Emile-Benoit Matisse
마음 The Heart

우리의 마음은 하나가 아닐 때가 많습니다.
이쪽도 저쪽도 아닌 것 같은 때가 있는가 하면, 이쪽과 저쪽 둘 다인 것 같은 때도 있죠.
치료실에 오는 사람 중에는 삼각관계나 한 사람을 향한 집착 때문에 힘들어하는 분들이 있습니다. 관계를 끊어야 마땅하다는 생각과 계속 관심이 가는 마음이 일치하지 않아서입니다. 또 내 맘 같지 않은 상대에게 때때로 지치기도 하고, 그 사람이 아주 미워지기까지 합니다.
사람은 이처럼 애정과 증오, 독립과 의존, 존경과 경멸 등 완전히 상반되는 양가감정을 동시에 갖기도 합니다. 그럴 때 내 마음은 어디에도 안착되지 못하고 힘들게 마련입니다.

그런 사람들에게, 상반된 색채 이미지를 한 화면에 균형 있게 구성한 이 그림은 자기인식을 통한 양면의 통합을 돕습니다.
왼쪽을 보면 자유로운 초록색 위에 검은색이 경직되게 자리해 나의 욕심과 고뇌 등 힘든 마음을 대변합니다. 오른쪽을 보면 맨 밑은 검은색이지만 그 위에 분홍색과 흰색, 붉은색을 쌓아올려 긍정적인 심상을 줍니다.

마음을 치유하는 과정에서는
두 가지 상반된 감정이 존재한다는 점을
확인하고 처리하는 일이 대단히 중요한 의미를 갖습니다.
사람들은 이 그림을 보며
자신의 마음이 이렇게 나뉘어 있다는 것을 인식할 수 있습니다.

앙리 마티스 | 1946 | 스텐실 | 42.5×65.5cm | 조르주 퐁피두 센터

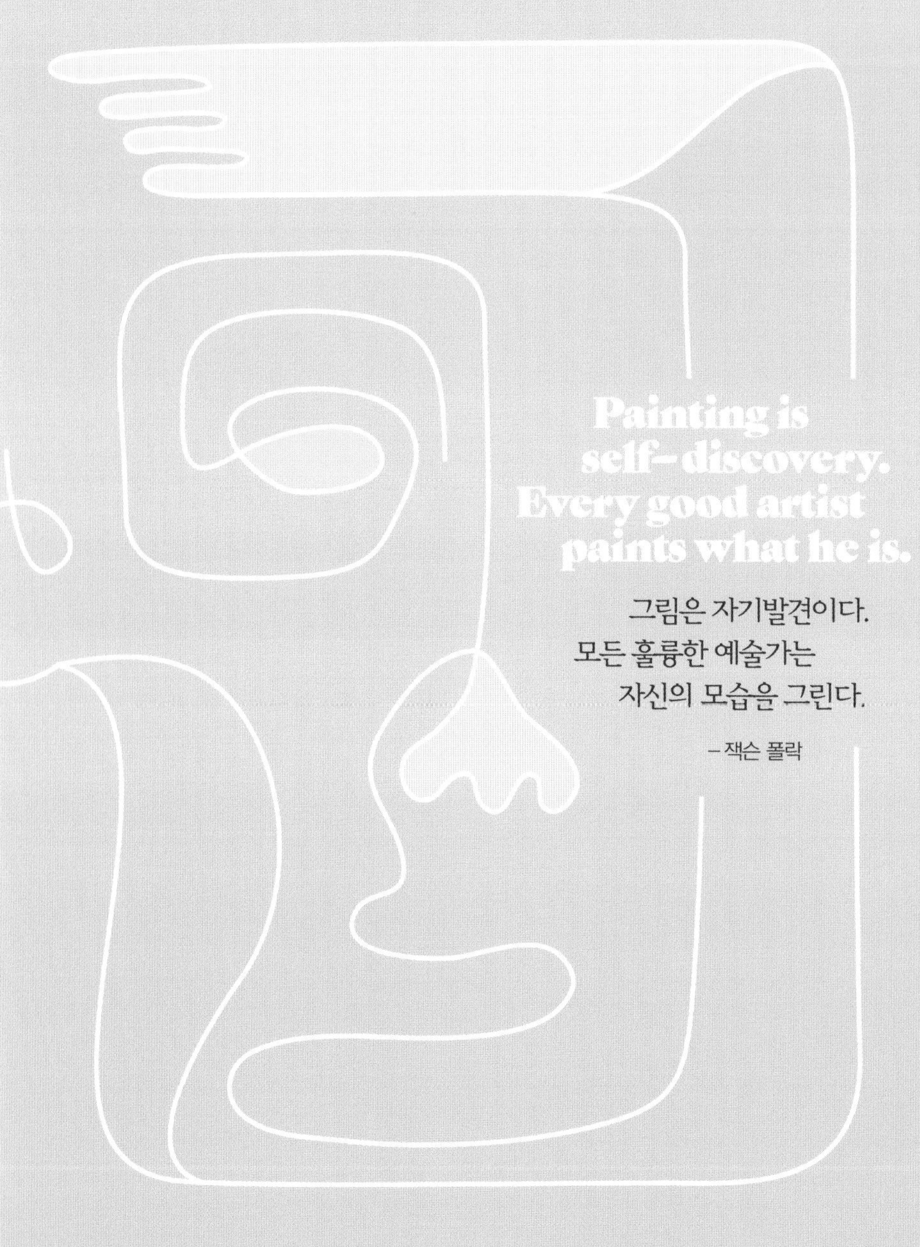
Painting is
self-discovery.
Every good artist
paints what he is.
그림은 자기발견이다.
모든 훌륭한 예술가는
자신의 모습을 그린다.
– 잭슨 폴락

자신감이 부족할 때 보면
좋은 그림

앙리 마티스 Henri-Emile-Benoit Matisse
이카루스 Icarus

복잡하고 어수선했던 마음이
단순하고 행복하게 정리되는 느낌을 받으실 겁니다.

이 그림은 특히 자신감이 떨어질 때 보면 좋습니다. 색깔과 형태가 과감해 에너지와 역동감을 주기 때문입니다.

짙은 파란색은 강인하고 씩씩한 젊음을 상징합니다. 그 가운데 내 존재가 전신을 적나라하게 드러낸 채 노란빛 조명을 받고 있죠. 노랑은 희망을 상징합니다. 심장 한복판에는 빨간 점이 찍혀 있습니다. 아직 내 안에는 붉은 열정이 숨 쉬고 있다는 것을 말해줍니다.

위축됨이라곤 없는 당당함에
나도 절로 당당해집니다.

앙리 마티스 | 1946 | 과슈 · 종이 붙이기 | 43.4×34.1cm | 조르주 퐁피두 센터

자유로움을 갈망하다

바실리 칸딘스키 Wassily Wassilyevich Kandinsky
푸른 하늘 Sky Blue

미술치료 클리닉에 오는 내담자들은 강박적인 생각과 외부에서 오는 압박으로부터 자유롭지 못한 측면이 많습니다.
사실 어느 누구나 '난 할 수 없어'라는 생각으로 자신을 제한하거나, 틀에 맞춰진 조직과 같이 움직여야 하는 일에서 압박을 느낄 때가 있지요.

그렇기에 다들 이 그림을 좋아합니다.

어린아이가 지닌 자유로움이 나타나
보기만 해도 즐거워지거든요.

편안한 하늘색은 부담 없는 배경을 제공합니다. 아동의 성별과 색채에 대한 한 논문에 따르면 하늘색은 남녀가 공통적으로 선호하는 색입니다.
화가는 여기에 생동감 있는 붉은 계통의 색을 넣었습니다.
어린아이가 좋아할 것 같은 장난감들이 하늘 전체를 사용하며 동동 떠다니고 돌고 흐름에 몸을 맡기기도 하는 모습이 유희적이고 자유롭습니다.

이 그림을 보면 호주 여행 중 공원에서 행글라이더 타는 사람들을 본 기억이 납니다.
하늘에 몸을 맡기고 예쁜 색상의 행글라이더를 즐기는 모습을 보며, 그들이 떨어지면 어쩌나 하는 두려움 없이 평화로움을 한껏 느꼈습니다.

어린아이 같은 단순함을 느끼고 싶다면
바람과 물이 주는 자유로움에 몸을 맡겨보는 것 어떨까요.

바실리 칸딘스키 | 1940 | 캔버스에 유채 | 100×73cm | 조르주 퐁피두 센터

있는 그대로의 나

클로드 모네 Oscar-Claude Monet
우리 집 뜰의 카미유와 아이 Camille Monet and a Child in a Garden

지금보다 나은 것을 바라는 마음은 스스로 발전하는 데 추동력이 됩니다.
하지만 현실은 높은 이상에 못 미칠 때가 많지요. 이럴 때 자신을 과하게 책망하면 오히려 자존감을 깎아먹게 됩니다. "난 왜 이 정도밖에 안 될까"라고 탓하며 스트레스를 받는 것이죠.
이 그림을 보며 있는 그대로의 나로도 좋다는 넉넉한 시선을 느껴보세요.

클로드 모네 | 1875 | 캔버스에 유채 | 55.3×64.7cm | 보스턴 미술관

바느질에 집중한 엄마와, 떼쓰는 것도 잊고 뭔가를 조몰락조몰락하는 아이가 보입니다.

아이가 무엇을 해봤자 얼마나 잘하겠습니까? 엄마에 비해 실력은 턱없이 부족하겠지요. 하지만 볼까지 붉힌 채 제 하는 일에 그저 열심인 모습이 사랑스럽습니다.

엄마도 아이에게 자기처럼 바느질하라고 시키거나, 아이 모습을 지켜보며 서투르다고 핀잔하지도 않습니다.

사랑하는 엄마가 옆에 있다는 것 자체가
아이에게 심리적 안정을 줍니다.

화사하게 피어난 붉은색 계통의 꽃들도 편안한 두 모녀의 등 뒤를 환하게 지켜주고 있습니다.

자신에게 들이미는 잣대를 내려놓고
내가 잘하든 못하든 귀엽고 사랑스러운 존재로서
나를 바라보게 해주는 그림입니다.

근육의 긴장이 풀리고 편안해지다

구스타브 카유보트 Gustave Caillebotte
낮잠 The Nap

여러분은 피로가 쌓였을 때 어떻게 푸나요?
저에게도 피로 회복법이 몇 가지 있는데 그중 가장 쉬우면서도 효과적인 방법이 바로 잠자기입니다.

잠은 온몸의 긴장을 완화시키고, 피로와 신경흥분이 축적되지 않게 하는 효과가 있습니다. 한 연구에 의하면 매일 30분씩 낮잠을 자면 심장 발작에 걸릴 확률이 낮잠을 자지 않는 사람보다 30퍼센트 낮다고 할 정도입니다.

구스타브 카유보트 | 1877 | 파스텔 | 36×53cm | 워즈워스 아테니움 미술관

그림 속 인물도 아주 편안히 낮잠을 자고 있습니다.
다리를 보세요. 누워서 근육의 긴장을 완전히 풀면 다리가 바깥쪽으로 돌아가지요? 이 사람도 그런 상태입니다.
직접 낮잠을 자는 것은 아니지만 우리도 그 편안함을 전달받을 수 있는데, 프랑스의 정신분석학자 자크 라캉Jacques Lacan의 언어로는 이를 '전이'라고 표현합니다.

잔디의 초록색과 옷의 흰색, 파란색이 시원한 느낌을 주기도 하지만 우리가 편안함을 느끼는 이유가 또 하나 있습니다.
바로 주인공이 밀짚모자로 얼굴을 가렸다는 점입니다.
이 사람의 얼굴이 보였다면 어땠을까요. 얼굴은 우리로 하여금 굉장히 직관적인 판단을 내리게 합니다. '못생겼다' '잘생겼다'라고 평가하는 데서 시작해 그 사람의 인생노정을 궁금해하기도 하고, 어딘가 불편한 구석이 있다면 바로 알아채기도 하지요.

그림 속 인물은 야외에서
얼굴을 가리는 게 편해 모자를 덮어썼겠지만,
그 덕분에 우리는 생각을 비우고
그림을 볼 수 있게 된 것이죠.

느슨해진 나를 팽팽하게 당겨주는 그림

디에고 리베라 Diego Rivera
디트로이트 산업 벽화 Detroit Industry Murals

이 그림을 보면 어떤가요?

편안하고 아름다운 그림들만 이어지다가 이 그림을 맞닥뜨리니 사뭇 긴장되지 않는지요.

스트레스 관리라고 하면
이완상태만을 생각하기 쉽지만,
내가 너무 느슨해졌다 싶을 때
적절한 긴장을 주는 것도
관리의 일환이라고 할 수 있습니다.

그림 하단을 보세요. 사람들의 움직임이 가득합니다. 기계도 사람과 마찬가지로 칙칙폭폭 증기를 뿜으며 쉼 없이 일하고 있습니다. 복잡하고 산만한 요소가 얽혀 있는 가운데 노동현장의 역동성이 살갗으로 와 닿으며 우리에게 '으쌰으쌰' 할 수 있는 긴장감을 줍니다.

아래에는 아무런 완성물이 없이 움직임만 보이지만, 위로 갈수록 정돈된 형태들이 드러납니다. 거대한 궁전처럼 보이는 구조물이 성취를 상징하고 있습니다. 아래부터 위를 향해 성취물이 열리는 상승감 또한 동적 자극에 일조합니다.

디에고 리베라 | 1932~33 | 프레스코 | 디트로이트 미술학교

화를 푸는 방법

잭슨 폴락 Jackson Pollock
가을의 리듬: 넘버 30 Autumn Rhythm: Number 30

잔뜩 화났을 때 누가 대신해서 욕지거리를 해주면 내 마음도 후련해지죠? 이 그림은 바로 그런 역할을 하며 화난 기분을 풀어줍니다.

주로 고정된 형태, 예상된 결과를 추구하는 우리의 일상에서 '뿌리는' 행위는 그야말로 해방의 몸짓입니다. 잡힐 만한 형태도 없고, 물감이 어디로 튈지 모르니 결과를 통제할 수 없습니다.
사실 우리 내면도 그렇죠. '화난다' '기쁘다' '슬프다'라는 정돈된 말들에 내 감정이 꼭 들어맞지 않을 때가 많습니다. 잭슨 폴락은 아무도 시도하지 않은 '뿌리는 기법'을 동원해 감정의 표현에 가까이 다가갔습니다.

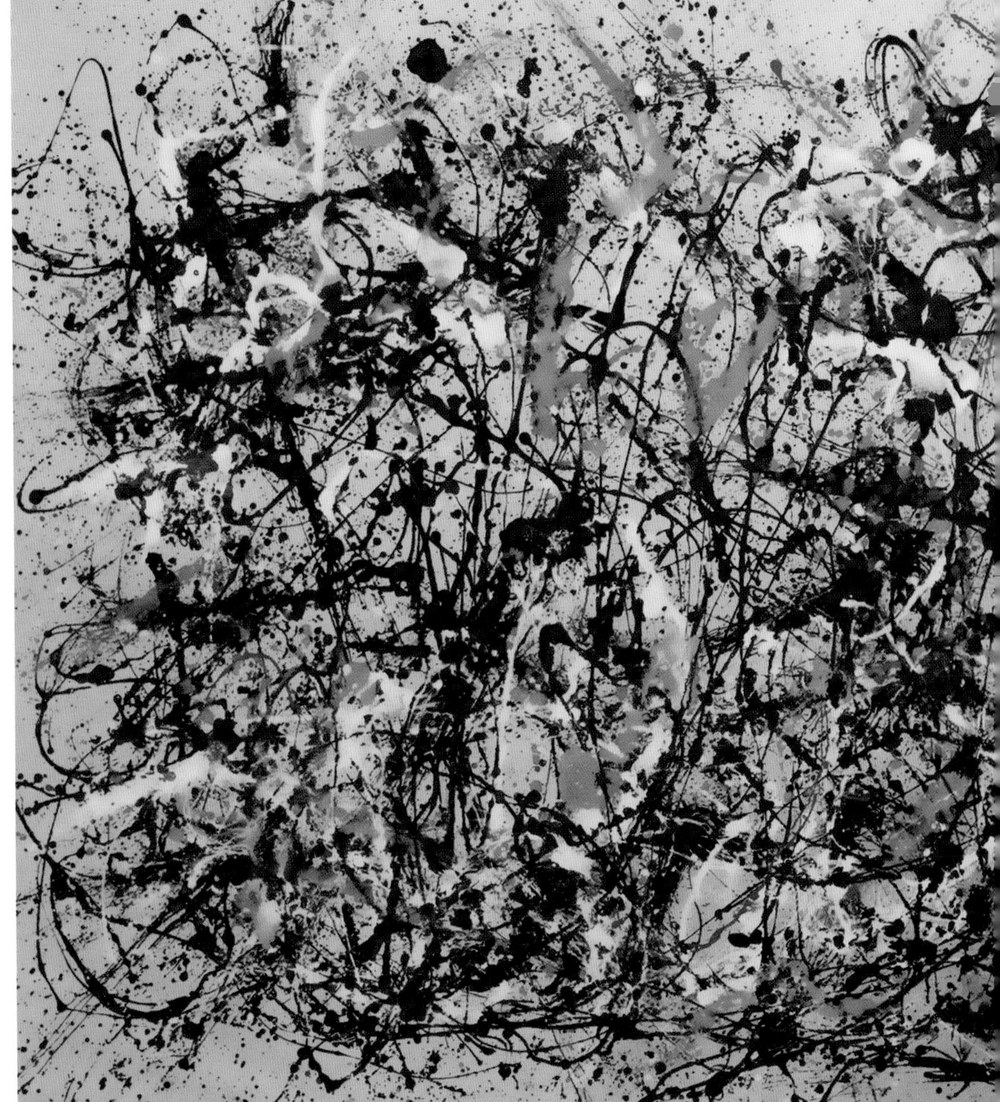

잭슨 폴락 | 1950 | 캔버스에 유채 | 266.7×525.8cm | 메트로폴리탄 미술관

이 그림이 '화'라는 감정에 어떤 그림보다 조응하는 것도 그래서입니다.

검은색의 흩뿌림에서 욕과 폭력 같기도 한
끈적한 감정의 배출이 느껴집니다.
그러면서도 흰색이 어우러져 마음이 풀리며
느껴지는 해소의 기운도 받을 수 있죠.

저는 직접 뿌리는 기법을 통해서
화를 푸는 방법도 추천합니다.

그림을 잘 그리고 싶지만 신체적으로 불편한 분들에게 '습식화' 기법을 권하곤 합니다. 습식화란 물감을 투두둑 떨어뜨려보는 것을 말합니다. 물감이 번지는 우연의 효과를 통해서 모양과 색상이 바뀌는 모습만 보아도 사람들은 탄성을 지르며 기뻐합니다.
그와 유사한 방법이 '뿌리기'입니다. 원하는 색상을 골라 붓에 묻히고는 쫙쫙 뿌리는 것이지요. 속이 시원하다고 할까요.
다양한 스트레스와 감정을 표현하기만 해도 기분이 달라지는 걸 체험할 수 있습니다.

생각을 바꾸면 보이는 나만의 개성

베르트 모리조 Berthe Morisot
로리앙 항구 The Harbor at Lorient

이 그림을 볼 때면 가수 심수봉의 〈남자는 배 여자는 항구〉라는 노래가 생각납니다. 남자는 쓸쓸한 듯 돌아서지만 이내 웃으며 자기 할 일을 하러 가고, 여자는 그 뒷모습만 보면서 구슬퍼한다는 내용의 가사이지요.

항구란 곳은 배를 타고 나가서 신대륙을 발견할 수도 있고, 새로운 물건이나 예쁜 여성을 데리고 들어올 수도 있는 등 한시도 멈추지 않는 공간입니다.
하지만 그림 속 여인은 가만히 앉아 있을 수밖에 없습니다.
레이스도 달린 옷에 우산을 들고 꽃모자까지 쓴 채로는 어디론가 떠나고 싶어도 운신이 제한되지 않겠어요?

베르트 모리조 | 1869 | 캔버스에 유채 | 43.5×73cm | 내셔널 아트 갤러리

베르트 모리조가 활동했던 19세기 인상주의 시대에는 여성의 예술활동에 제약이 많았습니다. 아무리 재능이 있어도 좋은 아내, 좋은 엄마가 되는 것이 언제나 우선시되었기 때문이죠. 영화 〈마네의 제비꽃 여인: 베르트 모리조〉에서 모리조는 루브르 미술관의 그림들을 보고 이렇게 말합니다. "벽에 걸린 그림들을 봐요, 여성이 그린 건 하나도 없어요."

하지만 모리조가 체념했나요. 오히려 제한이 많은 현실까지도 이 그림과 같이 자신만의 개성이 묻어나는 작품으로 승화시켰습니다. 여성이라서, 가난해서, 대학을 못 나와서, 키가 작아서, 못생겨서 등등 누구나 마음속에 크고 작은 콤플렉스가 자리하지만, 어떻게 받아들이는지에 따라 그 콤플렉스에 영영 갇혀 있는 이가 있는가 하면 콤플렉스를 한껏 넘어서는 이도 있습니다. 베르트 모리조는 인식을 전환해 자신을 가두는 현실을 자기만의 개성을 구성하는 지점으로 재해석해냈습니다.

'어떤 영향이든 받아들이고 앞으로 나아가요.
두려워 말고 인생을 그려봐요.'

영화 속 모리조의 목소리가 생생히 들려오는 듯한 그림입니다.

나를 최고로 만드는 그림의 힘

디에고 벨라스케스 Diego Rodriguez de Silva y Velazquez
비너스의 단장 Venus at her Mirror

섭식장애 환자들을 보면 자기 신체를 스스로 왜곡하고 있는 경우가 많습니다. 실제 신체 사이즈와 관계없이 '난 너무 뚱뚱해' '난 너무 많이 먹어'라고 여기며 사람들 앞에 잘 나타나지 않고, 옷도 늘 두껍게 입어 자신을 숨깁니다.

디에고 벨라스케스 | 1647~51 | 캔버스에 유채 | 122.5×177cm | 내셔널 갤러리

이럴 때 좋은 치료방법이 그 사람과 표준 체격을 가진 사람을 함께 세워놓는 것입니다. 그리고 벽에 몸의 테두리를 그리게 한 뒤 "이거 한번 보세요" 하며 데리고 나와 확인하게 합니다. 별 차이가 없습니다. 내 몸에 문제가 있다는 것은 주관적인 생각이라는 사실을 알게 됩니다. 그리고 벽에 그려진 자신의 몸을 꾸며보라고 하면, 그렇게 신나서 예쁘게 꾸밀 수 없습니다.

이는 사람들로 하여금 자신의 모습이나 행동을 객관적으로 바라보도록 하면, 잘못된 인식을 깨달아 스스로 개선되는 심리학의 '거울효과 mirror effect'라는 방법을 응용한 것입니다.

아무리 아름다운 비너스라고 해도 자기 몸을 제대로 바라보지 않으면 자신이 예쁜지 어떤지 알 수 없을 것입니다. 그래서 사랑스러운 천사가 거울을 들어 그녀 자신의 아름다움을 바라보게 하고, 비너스는 그 모습에 도취되어 있지요.

이 그림은 주관적인 부족함을 느끼는 이들에게
자신의 아름다움을 찬양받는 기분을 전달합니다.
'너는 네 모습 그대로 최고의 존재야.'

|도판색인|

|참고문헌|

김찬호, 『모멸감』, 문학과지성사, 2014.

나쓰메 소세키, 송태욱 옮김, 『풀베개』, 현암사, 2013.

루시 모드 몽고메리, 김경미 옮김, 『빨간 머리 앤』, 시공주니어, 2002.

아리스토텔레스, 천병희 옮김, 『시학』, 문예출판사, 2002.

알랭 드 보통, 정영목 옮김, 『불안』, 은행나무, 2011.

은희경, 『새의 선물』, 문학동네, 2014.

정호승, 『내 인생에 용기가 되어준 한마디』, 비채, 2013.

최인철, 『프레임』, 21세기북스, 2007.

탈 벤 샤하르, 노혜숙 옮김, 『완벽의 추구』, 위즈덤하우스, 2010.

김학성, 「디자인을 위한 색채」, 조형사, 1991.

박유정, 「색채의 이미지를 이용한 감성표현」, 이화여자대학교, 2001.

박정선, 「수용미학 관점의 명화감상을 통한 심리치료 사례연구」, 『미술치료연구 제21권 제2호 통권 71호』, 한국미술치료학회, 2014.

서정이, 「아동의 성별에 따른 색채선호와 연상에 관한 연구」, 경희대학교, 2003.

예명선, 「아동의 색채이미지 선호에 관한 연구」, 동서대학교, 2001.

홍선미, 「미술치료의 효과를 위하여: 미술 창작과 감상에 있어서 나르시시즘과 전이의 무의식적 기능」, 『라깡과 현대정신분석 10권 1호』, 한국라깡과현대정신분석학회, 2008.

Susanne Fincher, Creating Mandalas: For Insight, Healing, and Self-Expression, Boston: Shambhala, 1991.

「정말 색으로 몸과 마음을 치료할 수 있을까?… 컬러테라피의 세계」, 『한국일보』, 2014년 1월 2일자.

「'한적한 전원에 살고 싶다' 땅 사고 집 짓는 법 A to Z」, 『매경 이코노미』, 2014년 9월 15일자.

「돈으로 행복을 살 수 있을까? 의외의 결론 나왔다」, 『월스트리트저널』 2014년 11월 20일자.

「도화지가 환해지면, 마음도 환해집니다」, 『중앙일보』, 2014년 12월 1일자.

「대한민국 가장의 변천史…국제시장에서 서초 세모녀 사건까지」, 『헤럴드경제』, 2015년 1월 9일자.

「새해 결심을 위한 아이디어 15」, 『뉴스위크』, 2015년 1월 19일자.